_____ 드림

우리집 수세미

우리집 수세미

초판 1쇄 발행 2018년 10월 19일
초판 2쇄 발행 2018년 11월 25일

지은이 서영신·정민선·정지은

발행인 장상진
발행처 (주)경향비피
등록번호 제2012-000228호
등록일자 2012년 7월 2일

주소 서울시 영등포구 양평동 2가 37-1번지 동아프라임밸리 507-508호
전화 1644-5613 | **팩스** 02) 304-5613

ⓒ 서영신·정민선·정지은

ISBN 978-89-6952-294-8 13630

· 값은 표지에 있습니다.
· 파본은 구입하신 서점에서 바꿔드립니다.

주방을 화사하게 바꾸는
우리집 수세미

서영신·정민선·정지은 지음

경향BP

"나의 취미는 뜨개입니다."

저에게는 늘 취미가 있었어요. 소소하게만 보이는 취미가 살아가는 데 얼마나 큰 힘이 되어주는지 아빠는 알고 계셨나 봐요. 기억이 나지 않을 정도로 어릴 적부터 연례행사로 저와 동생의 손을 꼭 잡고 멀리 우표 박람회와 도서 박람회에 데려가 주셨거든요. 덕분에 저는 취미를 묻는 질문에는 늘 자신이 있었어요. 자기소개서 취미란에 우표 수집과 독서를 또박또박 적어 넣던 기억이 소록소록 떠오르네요.

어린 소녀에서 벗어나 어엿한 대학생이 된 뒤에도 자연스럽게 스스로 취미를 찾게 되었어요. 지금 같은 SNS 전성기가 오기 직전인 시절이라, 직접 그린 픽셀 일러스트로 저만의 홈페이지를 디자인하고 운영하는 재미에 푹 빠졌어요. SNS의 팔로잉처럼 다른 홈페이지들을 방문하는 것도 큰 즐거움이었는데, 어느 날 한 홈페이지에서 운명처럼 코바늘로 만든 곰 인형을 만나고 말았어요. 손뜨개로 이렇게 귀여운 인형을 만들다니! 그 인형이 제 마음속에 콕 박혔어요.

시간이 흘러 대학을 졸업하고 사회생활을 시작했어요. 예상했던 대로 사회는 만만한 곳이 아니었고, 회사 내 상하관계에서 오는 스트레스는 어마어마했어요. 그런데 어째서인지 대학생 때 보았던 그 뜨개 인형이 떠올랐어요. 그리고 더 오래전에 집안 곳곳을 장식했던 엄마의 도일리가 떠올랐어요. 그게 시작이었어요. 뜨개는 부정적인 감정으로 엉킨 제 마음을 풀어주고 달래주었어요.

출산 후 우울감으로 힘든 시간에도 돌이켜보면 뜨개가 있어 무사히 지나올 수 있었던 것 같아요. 그리고 지금 저의 첫 번째 책을 준비하고 있네요. 뜨개 책을요!

취미의 소중함을 가르쳐주신 아빠, 뜨개와의 첫 소통을 열어주신 엄마, 이 책을 위해 직접 포토박스까지 제작해준 홍님, 너무나 궁금한데도 엄마의 뜨개용품들을 얌전히 지켜만 보는 우리 아기 홍홍이, 저의 뜨개 소품들에 열렬한 칭찬을 보내주는 동생들에게 사랑과 감사를 전합니다. 또 늘 든든히 지원해주시는 청송뜨개실과 연일섬유, 아낌없는 응원 보내주시는 블로그 이웃님들께도 감사 인사를 드립니다.

네, 저의 취미는 뜨개예요. 그래서 행복합니다.

서영신

재미있고 소중한 경험

    손으로 뭔가 만드는 것을 좋아하는 제게 뜨개질은 꽤나 잘 맞는 취미예요. 특히 귀여운 것을 좋아해서 뜨개 작품에도 귀여움을 듬뿍 첨가하는 편이에요.

    그런 점에서 수세미는 귀여움을 반영할 수 있는 최고의 뜨개 아이템이에요. 생각보다 빠른 속도로 쉽게 만들 수 있어요. 게다가 누구나 완성하고 나면 귀여운 모양에 만족도도 높을 거예요.

    뜨개 수세미의 매력에 빠져 열심히 뜨다 보니 이렇게 책에 실을 작품을 만드는, 재미있는 경험도 하게 되네요. 수세미를 포함해 다양한 뜨개 아이템을 만들고 즐기고 있어요. 하지만 이렇게 책에 실을 작품을 만들다 보니 역시나 제게 넘버원은 수세미 뜨개란 걸 다시 한 번 느꼈어요. 이 책으로 더 많은 이가 수세미 뜨개의 매력에 빠지길 바랍니다.

정민선

"수세미 뜨개로 소소하지만 행복한 시간을 보냅니다."

저에게 뜨개는 그저 오래된 취미 중 하나였습니다. 손재주가 많으셨던 엄마의 영향으로 어렸을 때부터 뜨개를 접하게 됐습니다. 초등학교 때 엄마에게 드리겠다며 만들었던 목도리가 제 첫 뜨개작품이었습니다. 그렇게 매년 겨울이면 동대문시장에서 실을 사와서 목도리, 모자, 장갑 등 작은 소품을 만들었고, 그렇게 겨울에만 잠깐씩 하던 뜨개질은 결혼을 하고 육아를 하면서 어느새 제 삶의 일부가 되었습니다.

결혼 전에는 온전히 저로서의 삶을 살았지만 결혼과 출산 후 한 사람의 아내, 한 아이의 엄마로서의 삶을 살게 되면서 '나'라는 사람을 잃어가는 것 같아 우울했습니다. 육아로 인해서 아무것도 하지 못하다 보니 점점 자존감도 낮아지는 듯했습니다.

그냥 멍하니 창밖만 바라보고 있는 시간이 싫어서 잠깐의 시간에 할 수 있는 것을 찾다가 시작한 것이 수세미 뜨개였습니다. 짧게는 30분 길게는 한 시간이면 완성되는 수세미를, 아이가 자는 동안 하나둘씩 만들어가면서 혼자만의 시간을 가질 수 있어서 즐거웠습니다. 그냥 육아 말고도 할 수 있는 일이 있다는 것만으로도 위안이 되었습니다.

그렇게 하나둘 만들다 보니 저만의 도안을 만들 수 있을 정도로 자신감이 생기고, '나'를 찾은 것 같아서 점점 자존감도 높아지고, 우울감도 낮아졌습니다. 수세미 만들기를 즐기며 만들다 보니 이렇게 책도 만들게 되었습니다.

책을 만들면서 처음 해보는 작업이 많아서 생소하고 힘들었지만 내 이름을 걸고 만든 책을 출간한다는 것 자체가 신기하고 즐거운 경험이었습니다. 저와 비슷한 어려움을 겪는 분들이 저처럼 수세미 뜨개의 매력을 알고 작은 행복을 느끼는 데 이 책이 도움이 되길 바랍니다.

정지은

Contents

프롤로그 5

수세미 뜨기 도구 10

수세미 뜨기 기호 11

코바늘 뜨기 기본 12

PART 1

동화 속 감성을 뜨개에 담고 싶은 작가

서영신

01	열기구 수세미	26
02	하늘 수세미	31
03	팬지 수세미	36
04	나비 수세미	42
05	빨간 모자 수세미	47
06	곰 인형 수세미	52
07	토끼 인형 수세미	58
08	아기 오리 인형 수세미	62
09	돌고래 수세미	67
10	유령 수세미	70

PART 2

언제나 함께 하고픈 것을 그리는 작가

정민선

- 01 허스키 인형 수세미 — 76
- 02 달달 꽃만쥬 수세미 — 82
- 03 선인장 꽃돌이 수세미 — 88
- 04 선인장군 수세미 — 94
- 05 선인장 단면 수세미 — 100
- 06 꽃토끼 수세미 — 106
- 07 꽃사슴 수세미 — 112
- 08 햄스떡 수세미 — 118
- 09 아기 고양이 수세미 — 124

PART 3

뜨개를 통해 소소한 행복을 전하고 싶은 작가

정지은

- 01 네모동물 수세미 — 132
- 02 동물농장 병솔 — 138
- 03 라봉이세미 — 146
-     라봉이 오너먼트 — 151
-     라봉이 병솔 — 152
- 04 어흥~! 사자세미 — 155
-     어흥~! 사자세미 오너먼트 — 161
-     어흥~! 사자 병솔 — 162
- 05 수줍 꽃세미 — 164
- 06 정새댁네 풍선 가게 — 170

Dish Sponge kit

수세미 뜨기 도구

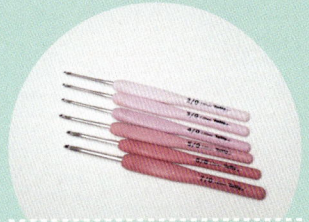

모사용 코바늘

2/0호부터 10/0호까지 있으며, 숫자가 클수록 굵은 바늘입니다. 이 책에서는 주로 5/0호 바늘을 사용하였습니다.

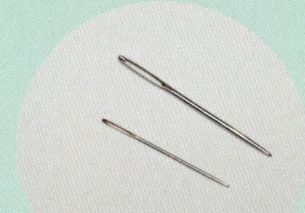

돗바늘

편물을 잇는 용도로 사용하는 바늘귀가 크고 끝이 둥근 바늘입니다.

수예용 가위

실을 자를 때 사용하는 작은 가위입니다.

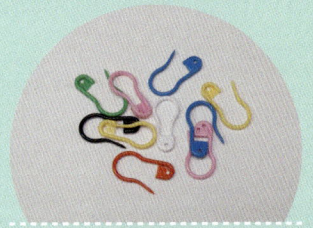

단수 링

편물의 단수 또는 콧수를 표시할 때, 스티치 시 편물이 풀어지지 않도록 막음할 때 사용합니다.

폴리 수세미 실

수세미의 주재료가 되는 실로, 심지가 되는 실에 날개사가 함께 연사되어 있어 모양이 잘 잡히고 반짝이는 것이 특징입니다.

펄 수세미 실

일반 수세미 실에 은은한 펄 필름이 함께 연사되어 있는 실입니다.

메탈릭 수세미 실

화려한 메탈릭 컬러의 수세미 실로 주로 포인트용으로 사용합니다.

아크릴 수세미 실

향균 및 기름 제거 효과가 있어 헹굼용 수세미를 만들 때 사용합니다. 이 책에서는 스티치를 하는 용도로 사용하였습니다.

Dish Sponge Basic

수세미 뜨기 기호

- 사슬뜨기
- 빼뜨기
- 짧은뜨기
- 짧은뜨기 2코 늘리기
- 짧은뜨기 코 줄이기
- 긴뜨기
- 긴뜨기 2코 늘이기
- 긴뜨기 2코 모아뜨기

- 한길긴뜨기
- 두길긴뜨기
- 세길긴뜨기
- 한길긴뜨기 2코 늘이기
- 한길긴뜨기 2코 줄이기
- 한길긴뜨기 3코 늘이기
- 한길긴뜨기 3코 줄이기
- 한길긴뜨기 4코 늘이기
- 한길긴뜨기 8코 줄이기
- 두길긴뜨기 2코 늘이기
- 두길긴뜨기 2코 줄이기
- 두길긴뜨기 3코 늘이기
- 두길긴뜨기 2코 줄이기

- 한길긴뜨기 5코 팝콘뜨기
- 한길긴뜨기 8코 팝콘뜨기
- 한길긴뜨기 2코 모아뜨기
- 한길긴뜨기 6코 모아뜨기
- 두길긴뜨기 5코 모아뜨기
- 두길긴뜨기 7코 모아뜨기(버블뜨기)

- 앞걸어 짧은뜨기
- 뒤걸어 짧은뜨기
- 앞걸어 긴뜨기
- 뒤걸어 긴뜨기
- 앞걸어 한길긴뜨기
- 뒤걸어 한길긴뜨기
- 앞걸어 두길긴뜨기
- 뒤걸어 두길긴뜨기

- 빼뜨기 이랑뜨기
- 짧은뜨기 이랑뜨기
- 긴뜨기 이랑뜨기
- 한길긴뜨기 (뒤)이랑뜨기
- 한길긴뜨기 앞이랑뜨기

Dish Sponge Basic

코바늘 뜨기 기본

.BASIC.
1
사슬뜨기_짧은뜨기

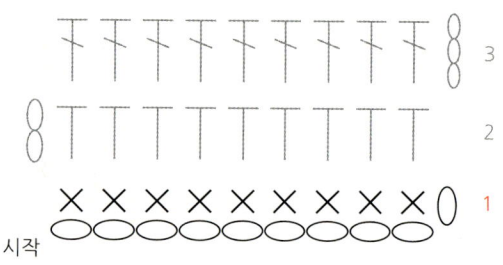

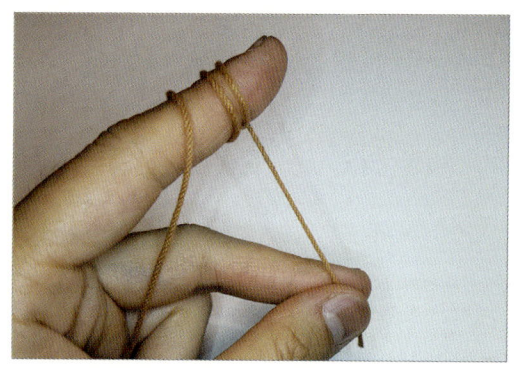

01 왼쪽 집게손가락에 실을 감아서 고정하고 가운뎃손가락과 엄지손가락으로 잡아주세요.

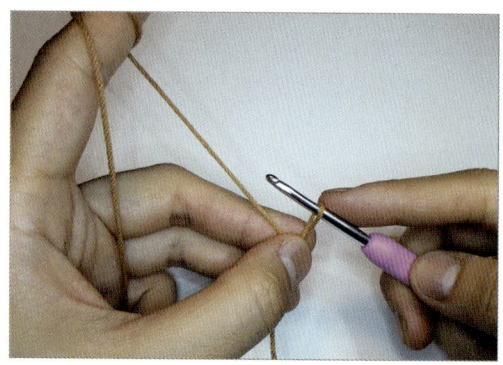

02 바늘에 실을 한 번 꼬아서 가운뎃손가락과 엄지손가락으로 잡아주세요.

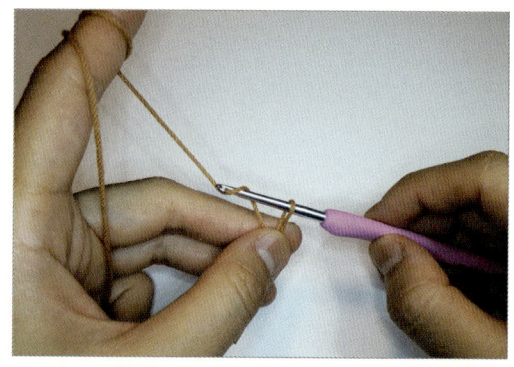

03 집게손가락에 걸린 실을 바늘에 한 번 감아주세요.

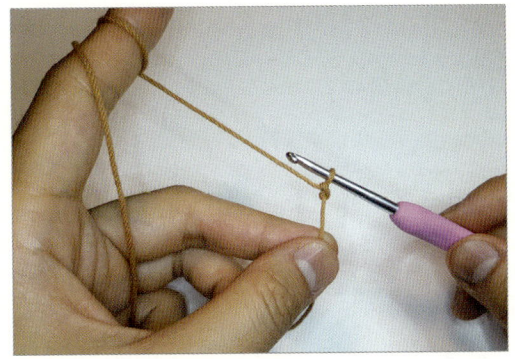

04 2번에서 만든 구멍으로 빼주세요.

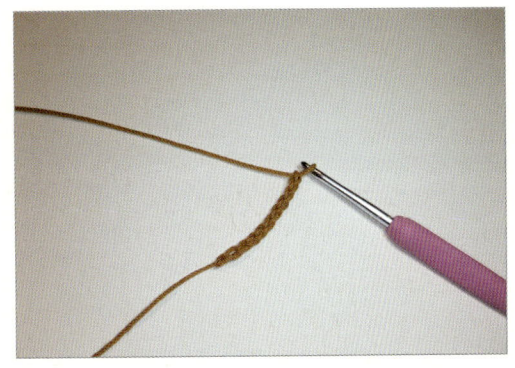

05 같은 방법으로 9코를 만들어주세요. [사슬코 만들기 완료]

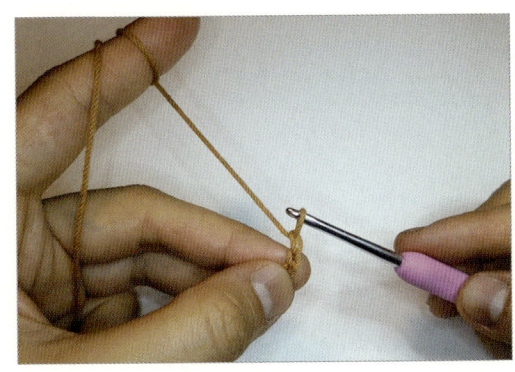

06 기둥으로 사슬 1코를 떠주세요.

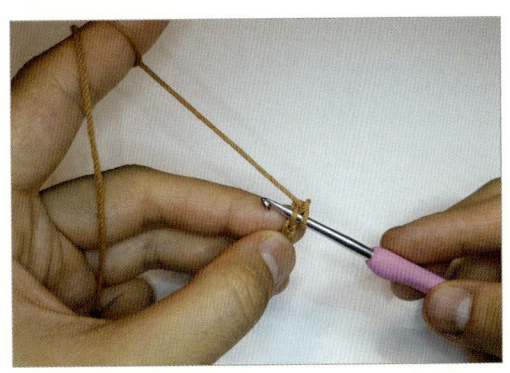

07 사슬 1코에 바늘을 넣어주세요.

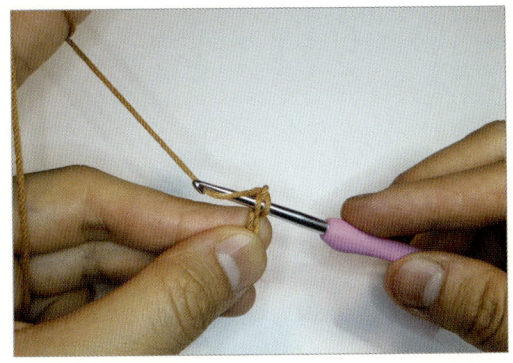

08 집게손가락에 걸린 실을 바늘에 감아주세요.

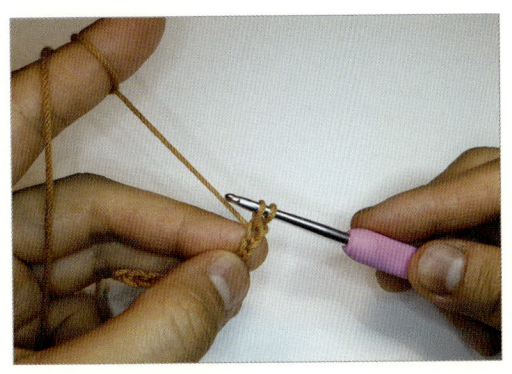

09 바늘에 걸려 있는 코 사이로 실을 빼주세요. 바늘에는 2코가 걸려 있습니다.

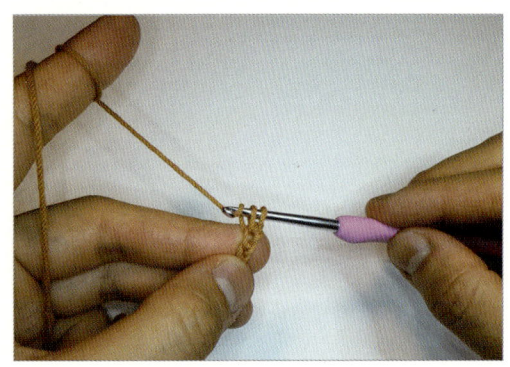

⑩ 실을 한 번 감아주세요.

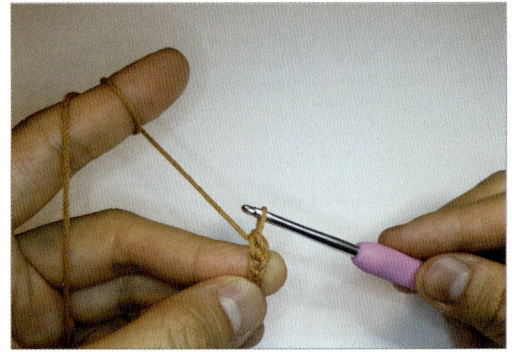

⑪ 바늘의 2코를 한꺼번에 빼주세요.

Dish Sponge Basic

코바늘 뜨기 기본

· BASIC ·
2
긴뜨기

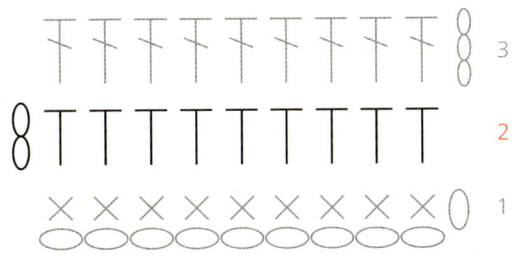

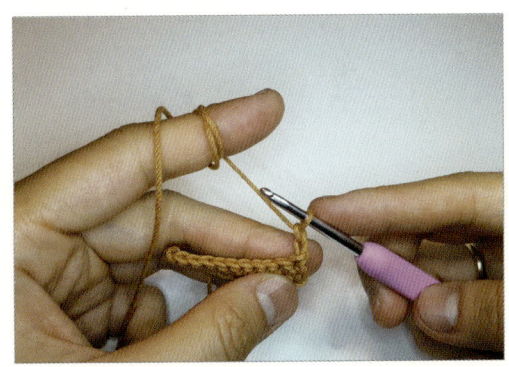

01 기둥으로 사슬 2코를 떠주세요.

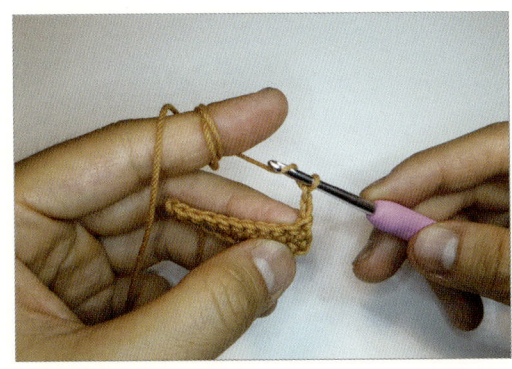

02 바늘에 실을 한 번 감아주세요.

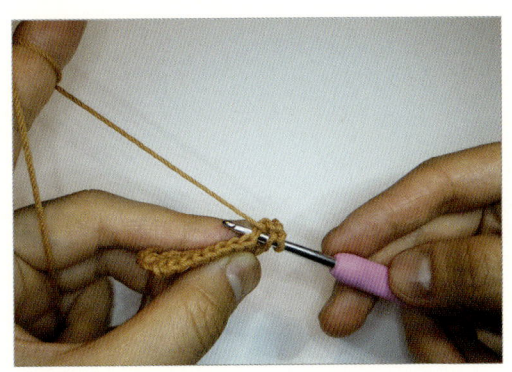

03 감은 상태로 코에 바늘을 넣어주세요.

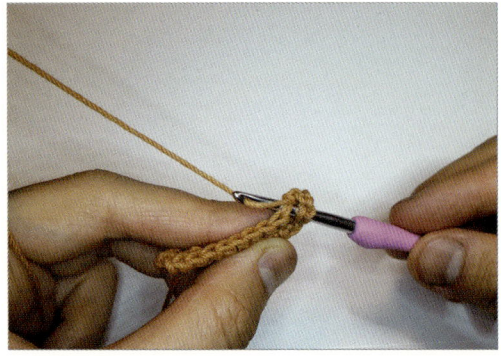

04 바늘에 실을 다시 한 번 감아주세요.

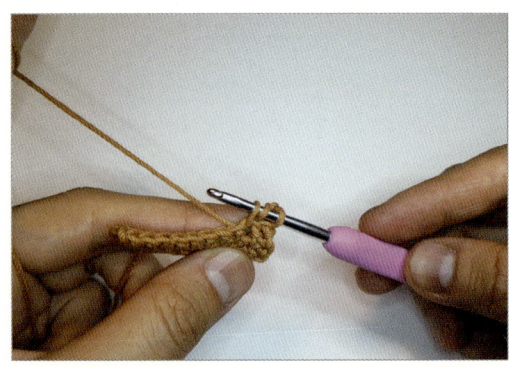

05 과정 3의 코에서 실을 빼주세요. 이때 바늘에는 실이 3코가 있습니다.

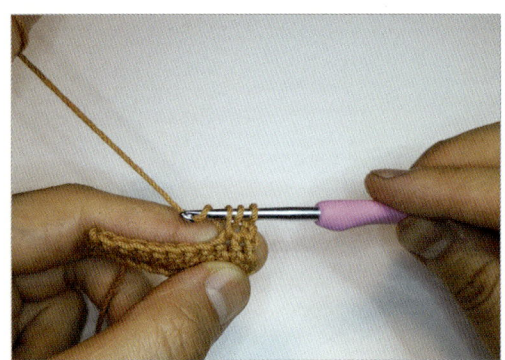

06 바늘에 실을 한 번 감아주세요.

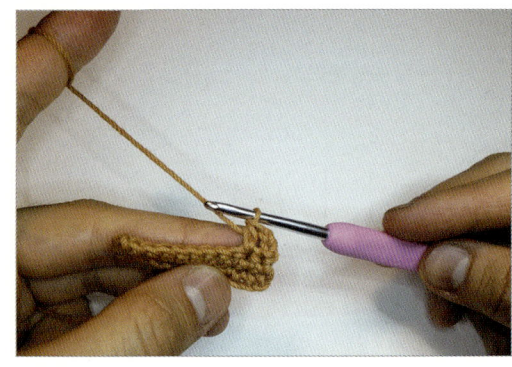

07 바늘에 남은 3코를 한 번에 빼주세요.

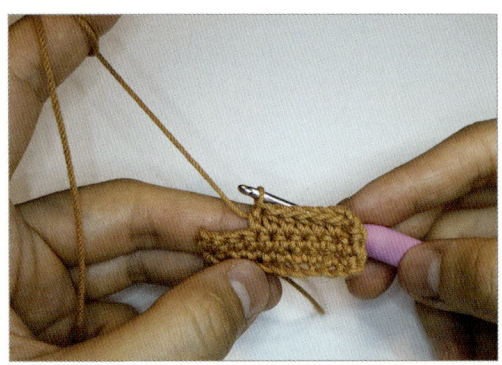

08 긴뜨기를 쭉 떠주세요.

Dish Sponge Basic
코바늘 뜨기 기본

BASIC 3
한길긴뜨기

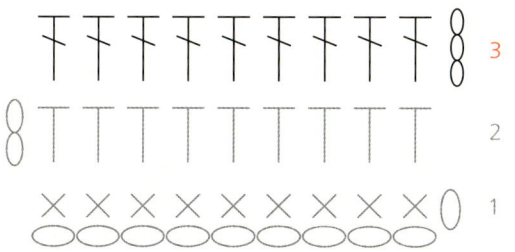

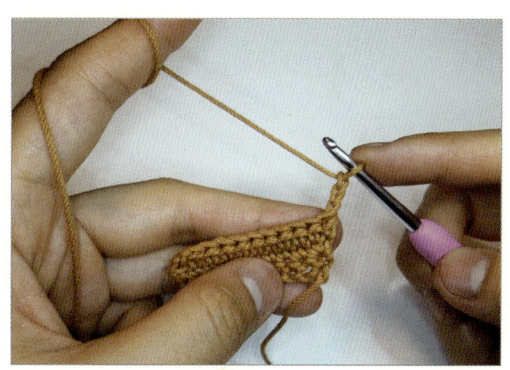

01 기둥으로 사슬 3코를 떠주세요.

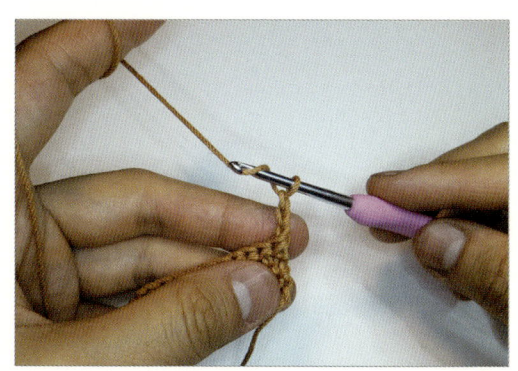

02 바늘에 실을 한 번 감아주세요.

03 감은 상태로 바늘을 코에 넣어주세요.

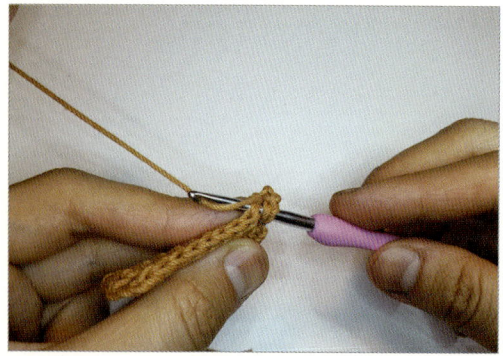

04 바늘에 실을 다시 한 번 감아주세요.

05 과정 3의 코에서 실을 빼주세요. 이때 바늘에는 실이 3코가 있습니다.

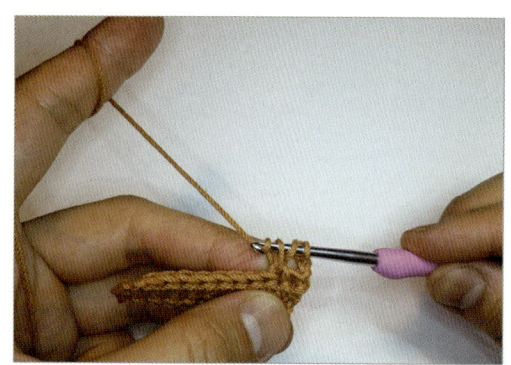

06 바늘에 실을 한 번 감아주세요.

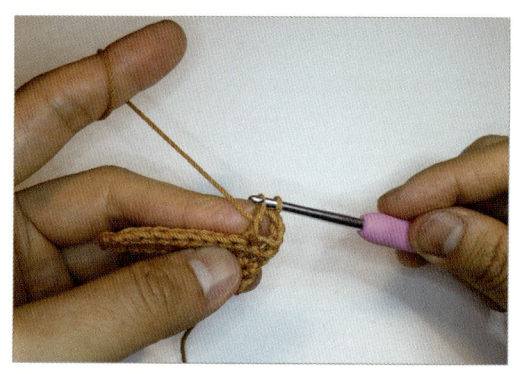

07 바늘에 남은 3코 중 2코에만 실을 빼주세요.

08 실을 감아서 남은 코에 빼주세요.

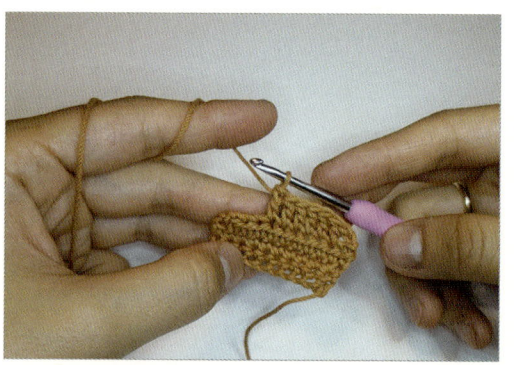

09 한길긴뜨기를 쭉 떠주세요.

Dish Sponge Basic

코바늘 뜨기 기본

· BASIC ·
4
원형뜨기

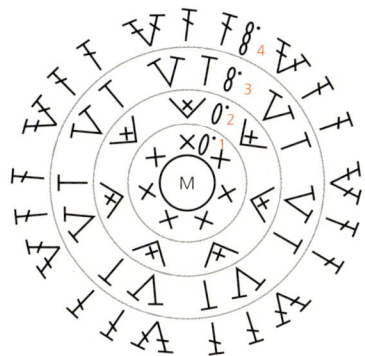

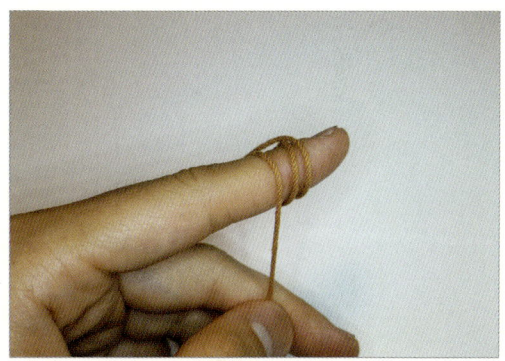

01   손가락에 링 모양으로 실을 3회 감아주세요.

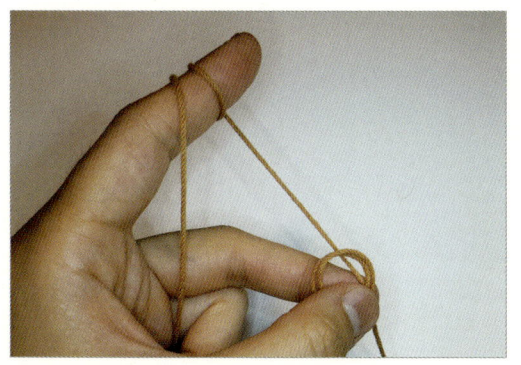

02   감은 링을 가운뎃손가락과 집게손가락에 감고, 집게손가락에는 실을 감아주세요.

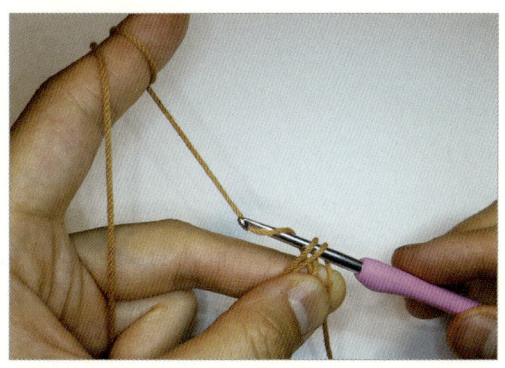

03   링 안쪽에 바늘을 넣어 실을 한 번 감아주세요.

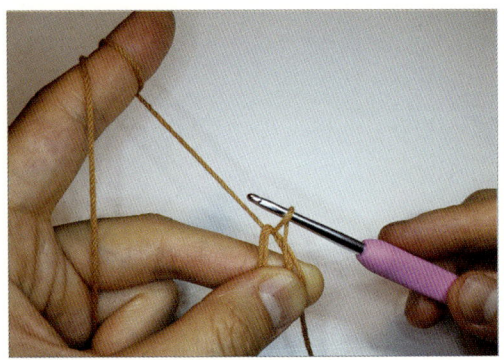

04 감은 실을 빼주세요.

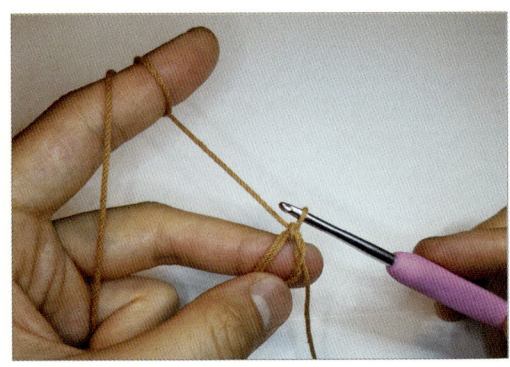

05 다시 한 번 바늘에 실을 감아서 1코에 빼주면 매듭이 만들어집니다.

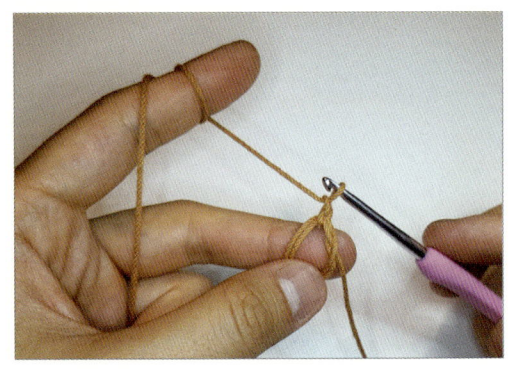

06 기둥사슬 1코를 떠주세요.

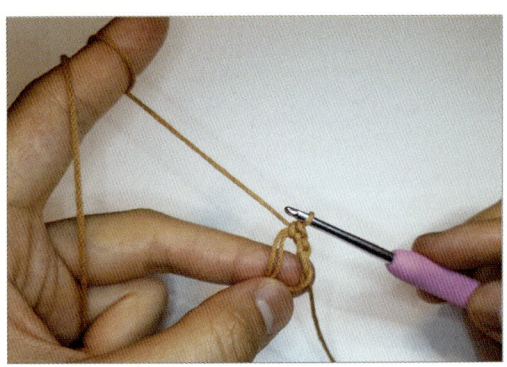

07 링에 짧은뜨기를 떠주세요.

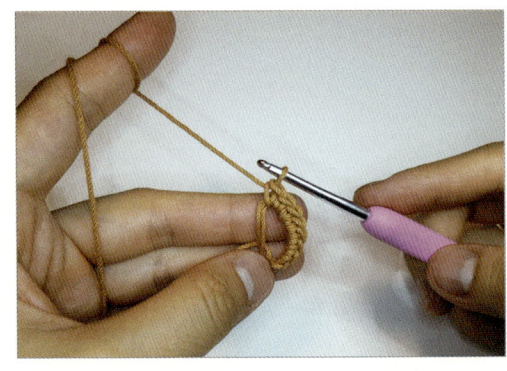

08 도안대로 짧은뜨기 총 7코를 떠주세요.

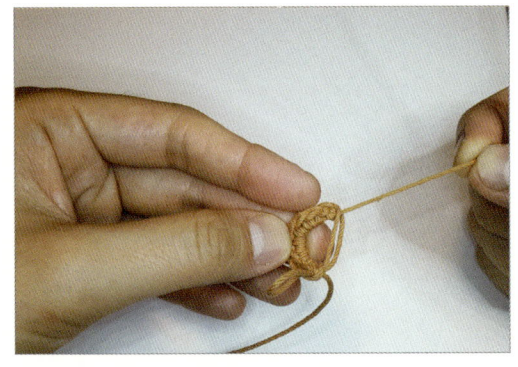

09 꼬리 실을 당겨보면 링에서 당겨지는 실이 있습니다. 그 실을 당겨지는 방향의 반대방향으로 당겨준 후 다시 꼬리 실을 당겨주세요.

⑩ 꼬리 실을 쭉 당기면 원형 모양이 완성됩니다.

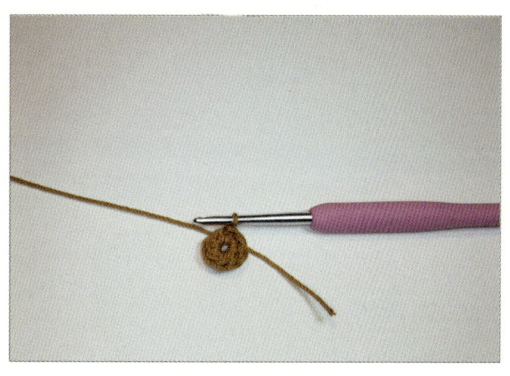

⑪ 기둥 코에 빼뜨기를 해주면 1단 완성입니다.

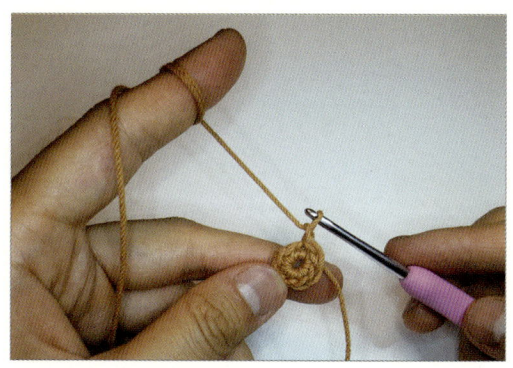

⑫ 2단의 시작입니다. 기둥사슬 1코를 떠주세요.

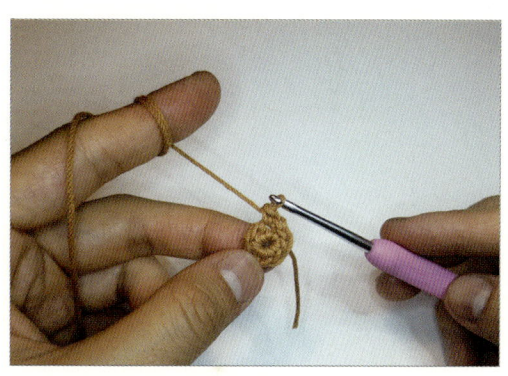

⑬ 바로 밑 코에 짧은뜨기를 해주세요.

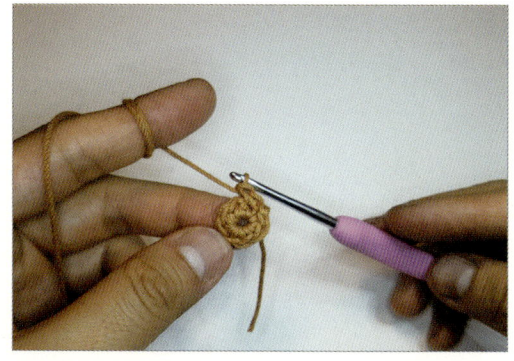

⑭ 과정 13에서 떴던 코에 다시 한 번 짧은뜨기를 해주세요.

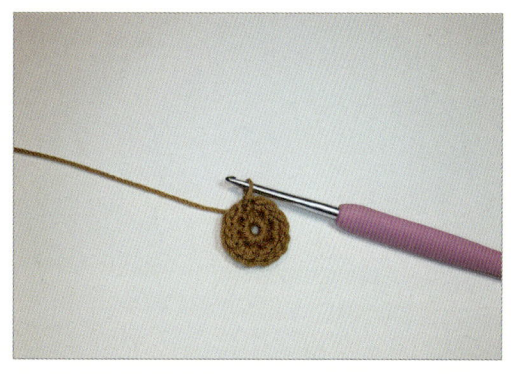

⑮ 과정 13, 14를 6회 반복한 뒤 빼뜨기를 해주면 2단 완성입니다.

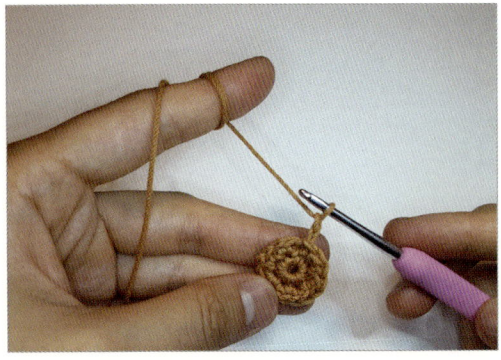

⑯ 3단입니다. 기둥사슬 2코를 떠주세요.

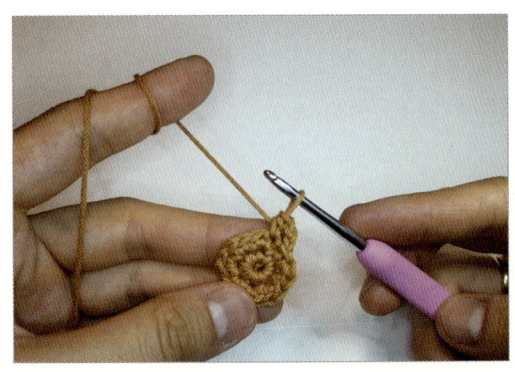

⑰ 바로 밑 코에 긴뜨기 1코를 떠주세요.

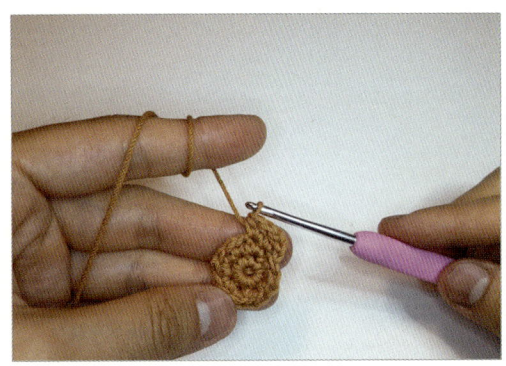

⑱ 다음 코에 긴뜨기 2코를 떠주세요.

⑲ 과정 17, 18을 6회 반복한 뒤 빼뜨기를 해주면 3단 완성입니다.

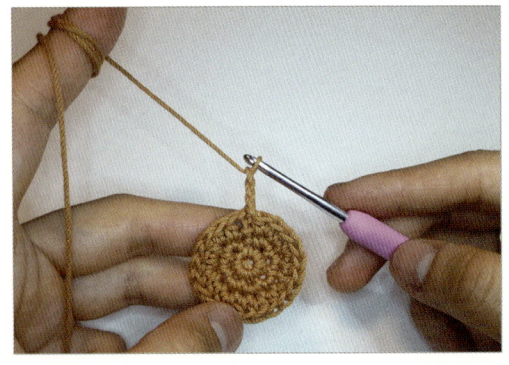

⑳ 4단입니다. 기둥사슬 3코를 떠주세요.

㉑ 바로 밑 코에 한길긴뜨기 1코를 뜬 후, 다음 코에 한길긴뜨기 1코를 떠주세요.

22 다음 코에 한길긴뜨기 2코를 떠주세요.

23 과정 21, 22를 6회 반복한 뒤 빼뜨기를 해주면 4단 완성입니다.

PART 1

동화 속 감성을 뜨개에
담고 싶은 작가

서영신

청송뜨개실 디자이너
연일 디자이너스PRO 회원
前 리네아 서포터즈 니뜨리네아

블로그 https://nd0120.blog.me/

· DISH SPONGE ·

1
열기구 수세미

파란 하늘에 알록달록 열기구가 둥둥! 설레는 여행을 떠나보아요!

Preparation

- **사용실** | 밝은 빨간색, 연노란색, 밝은 파란색, 베이지색
- **사용바늘** | 모사용 5/0호 코바늘
- **완성 사이즈** | 지름 10.5cm, 높이 15.5cm

How to make

01 도안대로 배색하며 13단까지 뜹니다.

02 베이지색 실로 기둥코 3코를 포함하여 사슬뜨기 6코를 뜹니다.

03 4코를 건너뛰고 한길긴뜨기 1코를 뜹니다.

04 [사슬뜨기 3코, 4코 건너뛰고 한길긴뜨기]를 2회 반복합니다.

How to make

05 사슬뜨기 3코를 뜬 후, 14단 기둥코(첫코의 3번째 사슬)에 빼뜨기를 합니다.

06 기둥코를 뜬 후, 14단의 사슬뜨기 부분에 한길긴뜨기 5코를 뜹니다.

07 14단의 사슬뜨기 부분에 한길긴뜨기 6코 뜨기를 3회 반복합니다.

08 16단은 이랑뜨기로 한길긴뜨기 코줄이기를 12회 반복합니다.

How to make

09 17단은 짧은뜨기 코 줄이기를 6회 반복합니다.

10 자른 실을 돗바늘로 각 코의 밖에서 안으로 통과시킵니다.

11 구멍이 보이지 않게 실을 당긴 후 남은 실을 바구니 안으로 숨겨주세요.

12 알록달록 열기구 수세미가 완성되었어요.

TIP
투명한 낚싯줄을 이용해 집 안에 걸어두면 귀여운 인테리어 소품이 됩니다.

열기구 수세미 도안

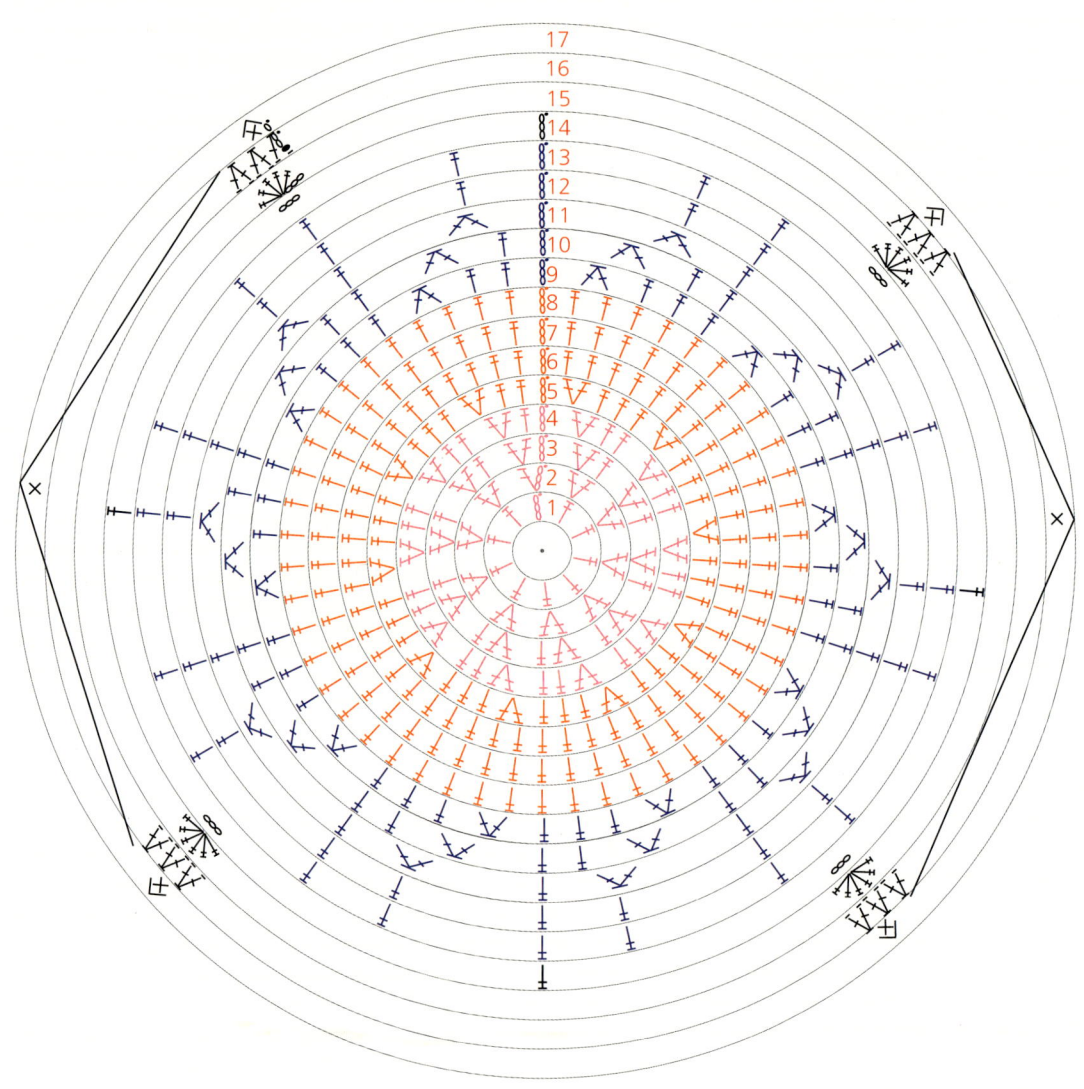

· DISH SPONGE ·

2 하늘 수세미

맑은 하늘, 비 오는 하늘, 나만의 하늘을 주방에 걸어보세요.

Preparation

- **사용실** | 하늘색, 연회색, 회색
- **사용바늘** | 모사용 5/0호 코바늘
- **자수실** | 아크릴 흰색
- **완성 사이즈** | 가로 10.5cm, 세로 10.5cm

How to make

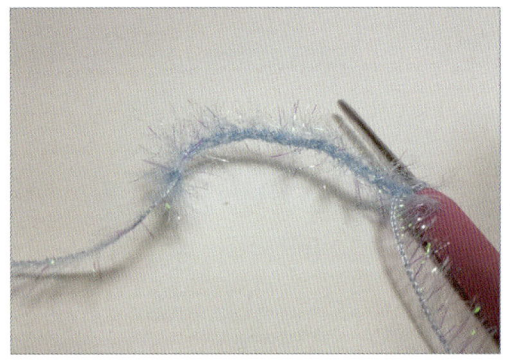

01 사슬코 23개를 만듭니다.

02 5번째 사슬부터 한길긴뜨기 18회를 한 후, 마지막 사슬에는 한길긴뜨기 3코를 뜹니다.

03 편물을 돌려 한길긴뜨기 18회를 한 후, 마지막 사슬에는 한길긴뜨기 2코를 뜹니다.

04 2, 3단과 4단 5번째 코까지 도안대로 뜹니다.

How to make

05 6번째 코는 회색 실로 한길긴뜨기 5코를 뜨고 코바늘을 뺍니다.

06 코바늘을 회색 실 1번째 한길긴뜨기 코에서 마지막 한길긴뜨기 코로 넣습니다.

07 실을 걸어 빼내면 한길긴뜨기 5코 팝콘뜨기가 완성됩니다.

08 사슬뜨기 2회를 한 후 같은 방법으로 [한길긴뜨기 8코 팝콘뜨기와 5코 팝콘뜨기]까지 회색 실로 뜹니다.

09 5단 5번째 코까지 도안대로 뜬 후, 회색 실로 사슬뜨기 부분에 각각 한길긴뜨기 팝콘뜨기를 뜹니다.

How to make

⑩ 11단까지 도안대로 뜹니다.

⑪ 취향에 따라 아크릴 수세미실로 빗방울을 스티치한 후 앞면과 뒷면을 이어줍니다.

TIP

★ 편물이 뒤틀리지 않게 짧은뜨기로 앞면과 뒷면을 이어주는 방법

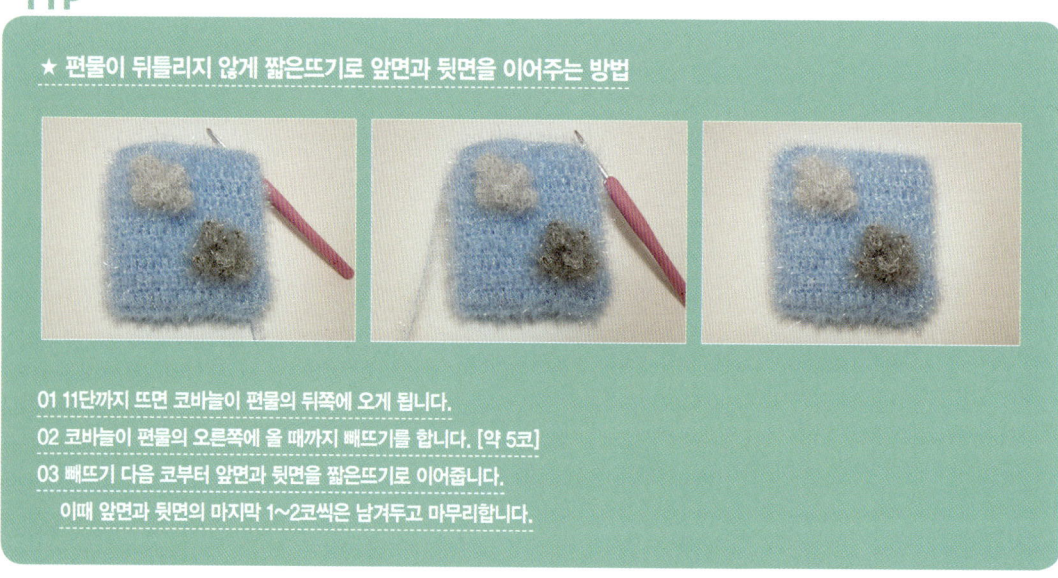

01 11단까지 뜨면 코바늘이 편물의 뒤쪽에 오게 됩니다.
02 코바늘이 편물의 오른쪽에 올 때까지 빼뜨기를 합니다. [약 5코]
03 빼뜨기 다음 코부터 앞면과 뒷면을 짧은뜨기로 이어줍니다.
　이때 앞면과 뒷면의 마지막 1~2코씩은 남겨두고 마무리합니다.

하늘 수세미 도안

- 하늘 도안의 분홍색 네모 부분은 구름 확대 도안의 분홍색 네모 안을 보고 뜹니다.
- 11단까지 뜬 후 앞면과 뒷면을 짧은뜨기, 돗바늘 등으로 이어줍니다.

하늘

구름 확대

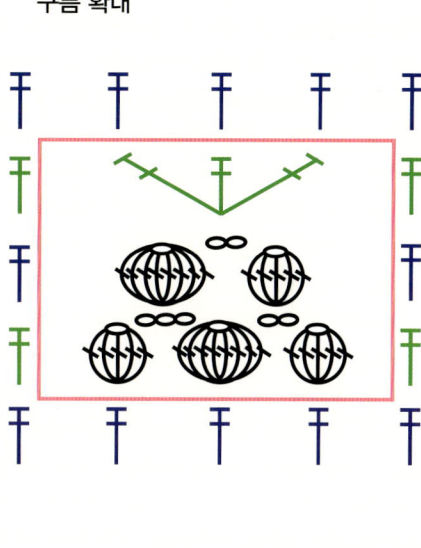

Preparation

- **사용실** | 보라색, 노란색, 하늘색, 연두색
- **사용바늘** | 모사용 5/0호 코바늘
- **완성 사이즈** | 지름 10.5cm

 · 9단까지는 도안을 꼼꼼히 확인하고 떠야 해요.
· 아무리 복잡해 보이는 도안이라도 각 단의 시작 위치와 불규칙한 코들만 잘 파악해두면 실제로 뜰 때는 어렵지 않아요.

How to make

01 1단은 보라색 실로 짧은뜨기 6코를 뜹니다.

02 2단은 노란색 실로 1단 짧은뜨기 1코에 [빼뜨기, 긴뜨기, 한길긴뜨기, 두길긴뜨기]를 모두 뜹니다.

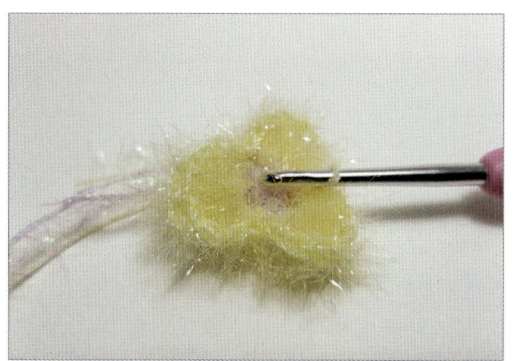

03 팬지꽃 도안대로 짧은뜨기 1코에 4코씩을 뜹니다.

04 3단은 2단 첫 빼뜨기에 이랑뜨기로 빼뜨기를 한 후, 사슬뜨기 5코를 뜹니다.

How to make

05 이어서 도안대로 뜬 후 실을 끊습니다.

06 4단은 보라색 실로 팬지꽃 도안에서의 시작 위치를 잘 확인하고 시작합니다.

07 3단 사슬뜨기 부분에 [빼뜨기, 긴뜨기, 한길긴 뜨기, 두길긴뜨기, 세길긴뜨기, 세길긴뜨기, 두길긴뜨기, 한길긴뜨기, 긴뜨기, 빼뜨기]를 2회 반복한 후, 실을 끊습니다.

08 5단은 하늘색 실로 팬지꽃 도안에서의 시작 위치를 잘 확인하고 이랑뜨기 빼뜨기로 시작합니다.

09 이어서 [사슬뜨기 5코, 이랑뜨기 빼뜨기]를 2회 반복합니다.

10 6단은 팬지꽃 도안처럼 4단 사슬뜨기 부분에서 시작합니다.

How to make

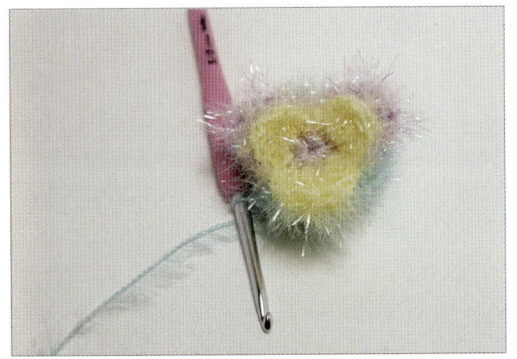

11 4단과 5단의 사슬뜨기 부분에 한길긴뜨기를 10코씩 뜹니다.

12 7단부터는 배경 도안대로 뜹니다.

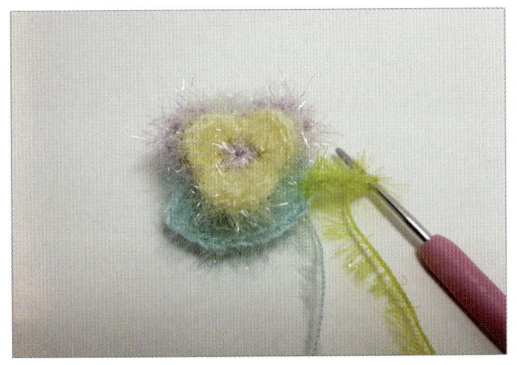

13 잎사귀 부분은 연두색 실로 앞이랑뜨기 빼뜨기를 한 후, 사슬뜨기 6코를 뜹니다.

14 마지막으로 뜬 사슬코의 직전 코부터 뜹니다.

15 사슬코마다 각각 [짧은뜨기, 긴뜨기, 한길긴뜨기, 한길긴뜨기, 한길긴뜨기]를 뜬 후, 앞이랑뜨기로 빼뜨기를 한 코에 앞이랑뜨기로 짧은뜨기를 뜹니다.

16 이어서 도안대로 7단을 완성합니다.

How to make

17 8단에서 잎사귀 부분은 6단에서 남은 뒤이랑에 뜹니다.

18 9단은 도안을 잘 확인하여 첫 번째 잎사귀 부분은 잎사귀 끝 짧은뜨기에 이랑뜨기로 짧은뜨기를 뜨고, 8단에서 ★ 표시된 코는 건너뜁니다.

19 두 번째 잎사귀 부분도 동일하게 잎사귀 끝 짧은뜨기에 이랑뜨기로 짧은뜨기를 뜨는데, 이때 건너뛰는 코는 없습니다.

20 계속해서 도안대로 뜨면 팬지 수세미가 완성됩니다.

팬지 수세미 도안

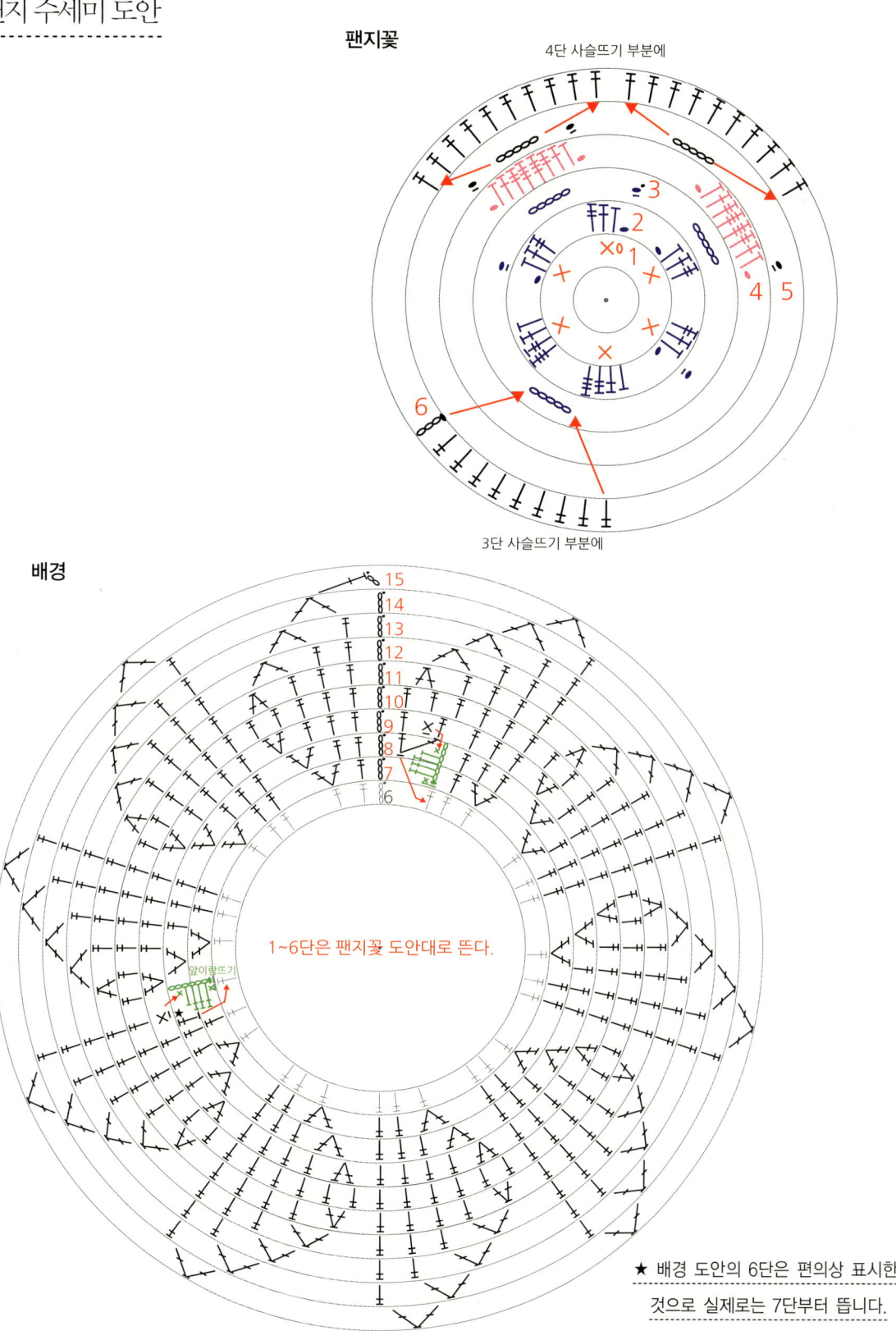

. DISH SPONGE .

4
나비 수세미

나비야, 나비야, 이리 날아오너라~ ♪
팔랑팔랑 나비가 내려앉은 꽃 같은 나의 주방.

Preparation

- **사용실** | 연노란색, 연분홍색, 연두색
- **사용바늘** | 모사용 5/0호 코바늘
- **완성 사이즈** | 지름 10.5cm

How to make

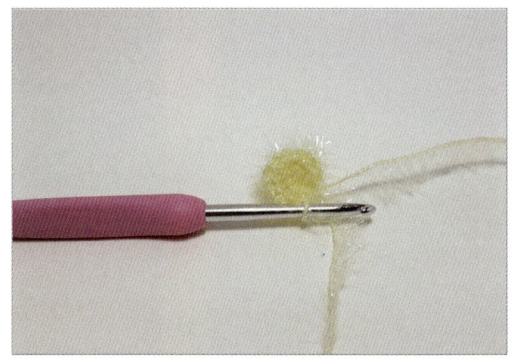

01 1단은 짧은뜨기 10코를 뜹니다.

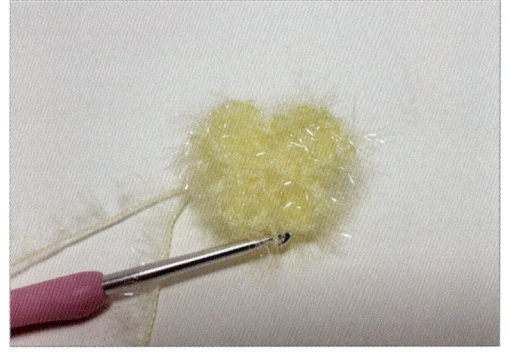

02 2단은 모두 앞이랑뜨기로 뜹니다.

03 3단은 1단에 남은 뒤이랑에 뜹니다.

04 5단의 잎사귀 부분은 하나의 코에 모두 뜹니다. 먼저 미완성 한길긴뜨기를 뜹니다. 코바늘에 실을 감아 3단의 코에 넣어 뺀 후 코바늘에 걸린 2개의 고리로 실을 빼고, 남은 2개의 고리로는 실을 빼지 않고 남겨둡니다.

How to make

05 다시 미완성 한길긴뜨기를 뜹니다.

06 코바늘에 걸린 3개의 고리로 한 번에 실을 빼면 한길긴뜨기 2코 모아뜨기 코가 만들어집니다.

07 사슬뜨기를 2번 뜬 후, 같은 코에 한길긴뜨기 2코 모아뜨기를 뜨면 잎사귀 부분이 완성됩니다.

08 5단까지 뜬 모습입니다.

09 6단의 첫 번째 꽃봉오리와 세 번째 꽃봉오리는 잎사귀 사이 사슬뜨기 2코 부분에 한길긴뜨기 5코 팝콘뜨기로 뜹니다.

10 두 번째 꽃봉오리는 잎사귀 사이 사슬뜨기 2코 부분에 한길긴뜨기 5코를 뜹니다.

⑪ 6단까지 뜬 모습입니다.

⑫ 7단에서 두 번째 꽃봉오리를 마무리합니다. 먼저 6단의 두 번째 꽃봉오리 부분에 차례로 [한길긴뜨기 2코 늘이기, 한길긴뜨기 3코, 한길긴뜨기 2코 늘이기]를 뜹니다.

⑬ 방금 뜬 7개의 코로 한길긴뜨기 7코 팝콘뜨기를 뜹니다.

⑭ 남은 부분을 도안대로 마무리하면 나비 수세미가 완성됩니다.

나비 수세미 도안

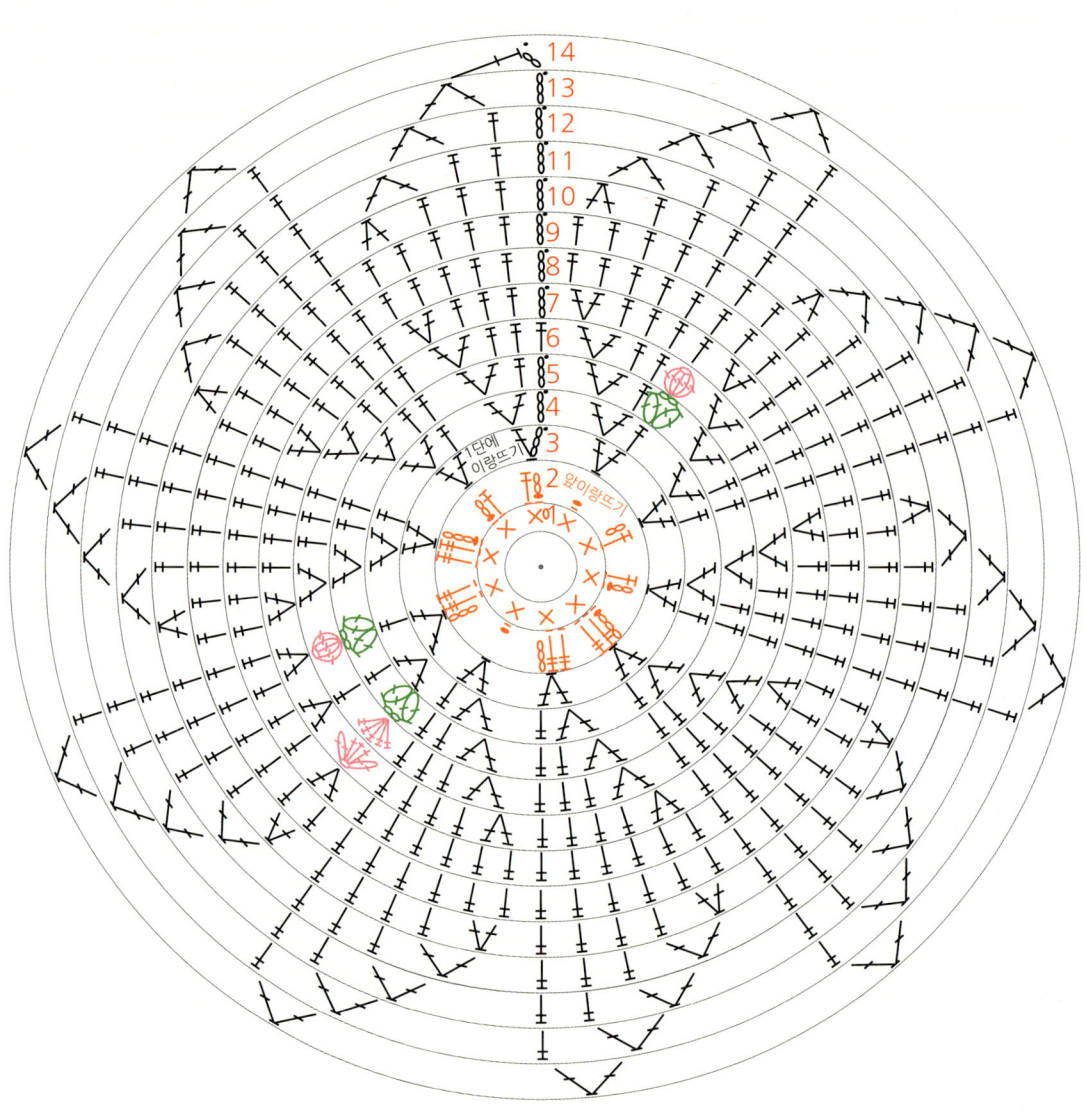

· DISH SPONGE ·
5
빨간 모자 수세미

할머니댁에 심부름을 가는 빨간 모자, 비 내리는 날이 즐거운 우비 소녀,
두건 색을 달리해서 귀여운 소녀들을 만나보세요.

Preparation

- ◆ **사용실** | 빨간색, 노란색, 아이보리색
- ◆ **사용바늘** | 모사용 5/0호 코바늘
- ◆ **자수실** | 아크릴 파란색, 아크릴 분홍색
- ◆ **완성 사이즈** | 머리 지름 9.5cm, 높이 13.5cm

How to make

01 6단까지는 빨간색 실로 뜹니다.

02 7단은 노란색 실로 앞머리 부분 배색이 들어갑니다. 7단의 앞머리 부분은 이랑뜨기로 뜹니다.

03 8단은 4번째 코와 17번째 코만 이랑뜨기로 뜹니다.

04 9단은 아이보리색 실로 얼굴 배색이 들어갑니다. 9단의 얼굴 부분은 이랑뜨기로 뜹니다.

How to make

05 10단과 11단은 코를 줄입니다. 도안에서 한길 긴뜨기 코 줄이기 위치를 확인하며 뜹니다.

06 12단까지 뜬 모습입니다.

07 13단까지 도안대로 뜨면 빨간 모자의 얼굴 부분이 완성됩니다.

08 양갈래 머리는 10단에 뜨되, 얼굴로부터 3번째 기둥에 걸어 뜹니다.

09 걸어 뜨는 기둥에 [빼뜨기와 사슬뜨기 3코, 한길긴뜨기 6코 모아뜨기]를 뜹니다.

10 사슬뜨기 3코를 뜹니다.

How to make

(11) 다음 코는 방금 뜬 사슬 중 가장 처음에 뜬 사슬과 한길긴뜨기 6코 모아뜨기 사이에 떠야 합니다.

(12) 한길긴뜨기 4코 모아뜨기 후 사슬뜨기 1코를 뜨면 양갈래 머리가 완성됩니다.

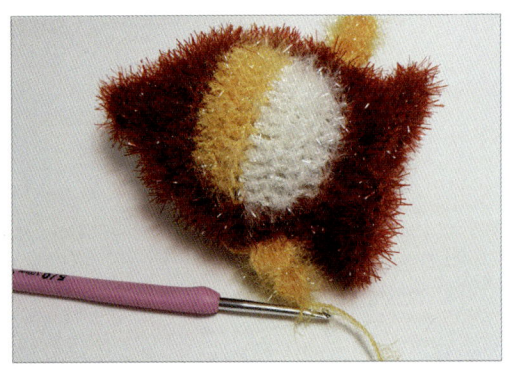

(13) 반대쪽 양갈래 머리도 같은 방법으로 뜹니다.

(14) 자유롭게 표정을 수놓아 주면 빨간 모자 수세미가 완성됩니다.

TIP

★눈과 입 추천 위치

01 눈은 10단에 수놓습니다. 원작의 눈 사이 간격은 4코입니다.
02 입은 10단과 11단 사이에 수놓습니다.

빨간 모자 수세미 도안

양갈래 머리

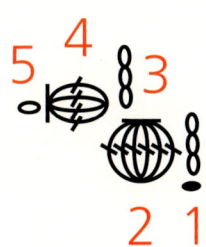

빨간 모자 얼굴

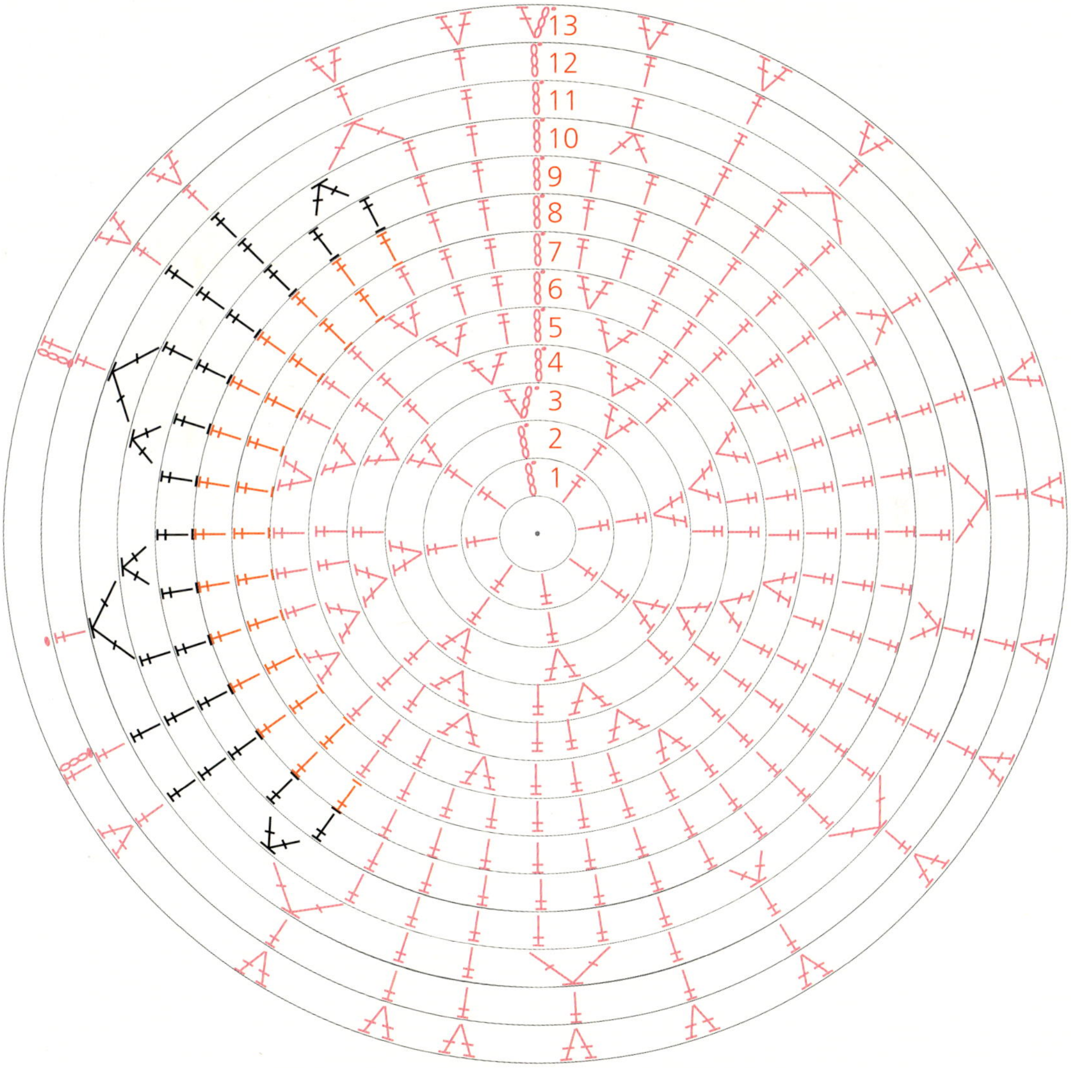

6
곰 인형 수세미

곰 세 마리가 한 집에 있어~♪ 씩씩한 곰 인형들과 함께라면 집안일이 즐거워져요.

Preparation

- ♦ **사용실** | 베이지색, 흰색
- ♦ **사용바늘** | 모사용 5/0호 코바늘
- ♦ **자수실** | 아크릴 파란색, 아크릴 검은색
- ♦ **완성 사이즈** | 머리 지름 9.5cm, 높이 12cm

How to make

01 6단까지는 베이지색 실로 뜹니다.

02 7단에서는 버블뜨기로 입 부분을 만듭니다. 먼저 미완성 두길긴뜨기 1코를 뜹니다. 미완성 두길긴뜨기도 미완성 한길긴뜨기처럼 마지막 2개의 고리로는 실을 빼지 않습니다.

03 같은 코에 미완성 두길긴뜨기 6코를 더 뜹니다.

04 코바늘에 걸린 8개의 고리로 한 번에 실을 빼내면 버블뜨기 코가 완성됩니다.

How to make

○ 05 7단까지 뜬 모습입니다.

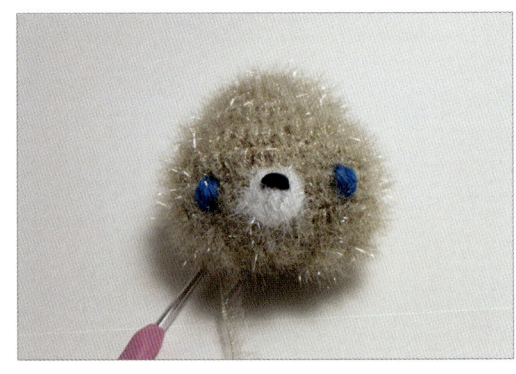

○ 06 9단까지 뜬 후 표정은 자유롭게 수놓으세요.

○ 07 10단에서는 곰 인형의 팔 부분을 만듭니다. 팔을 만들기 위해 4번째 코에 앞이랑뜨기로 빼뜨기를 한 후 사슬뜨기 5코를 뜹니다.

○ 08 방금 뜬 사슬코부터 3번째와 4번째 사슬에 한 길긴뜨기를 뜹니다.

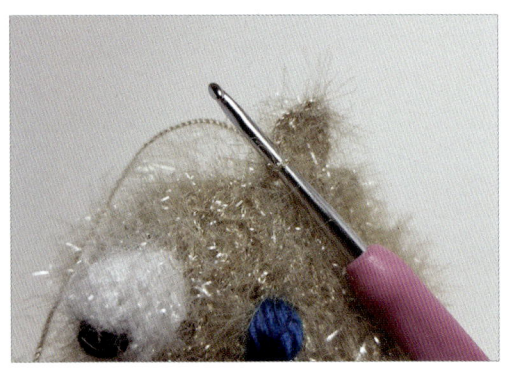

○ 09 다음 코에 앞이랑뜨기로 빼뜨기를 하면 팔이 완성됩니다.

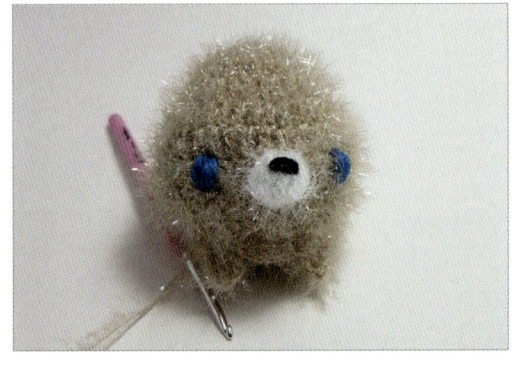

○ 10 같은 방법으로 다른 쪽 팔까지 뜨고 10단까지 완성한 모습입니다.

How to make

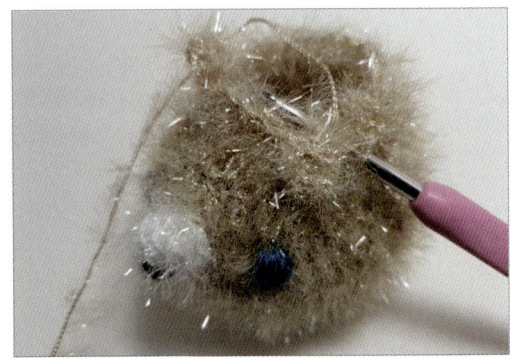

11 11단에서 팔 부분은 9단의 남은 뒤이랑에 뜹니다.

12 12단까지 뜬 모습입니다.

13 13단의 꼬리 부분은 앞이랑뜨기로 뜹니다. 꼬리는 하나의 코에 [빼뜨기, 사슬뜨기, 긴뜨기 3코, 사슬뜨기, 빼뜨기]를 뜹니다.

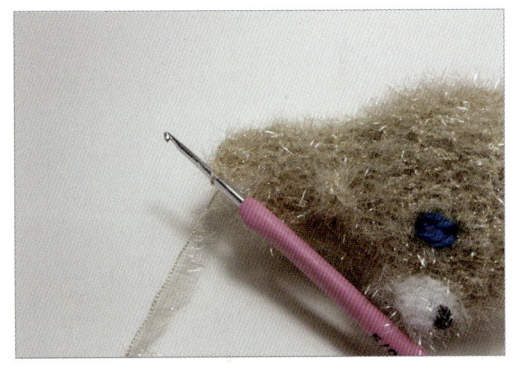

14 14단의 다리 부분도 앞이랑뜨기로 뜹니다. 꼬리 부분은 12단에 남은 뒤이랑에 뜹니다.

15 14단까지 뜨면 곰 인형 수세미의 머리와 몸이 완성됩니다.

How to make

16 귀는 머리 부분 4단 기둥에 걸어 뜹니다.

17 [빼뜨기, 사슬뜨기, 긴뜨기 2코, 한길긴뜨기, 긴뜨기 2코, 사슬뜨기, 빼뜨기]를 양쪽 모두 뜨면 곰 인형 수세미가 완성됩니다.

TIP

★ 눈과 코 추천 위치

01. 눈은 입 부분에서 4번째 기둥에 수놓습니다.
02. 코는 입 부분의 위에서부터 1/4 지점에 수놓습니다.
    가운데 3개의 기둥에 걸쳐 가로로 수놓으면 됩니다.

★ 곰 인형 만들기

일반 뜨개실로 곰 인형 수세미를 뜬 후 솜을 넣고 다음과 같이 코를 줄이면 귀여운 곰 인형을 만들 수 있습니다.

15단 : 한길긴뜨기 모아뜨기 12코. 이때 다리가 있는 부분은 뒤이랑에 뜹니다.
16단 : 한길긴뜨기 모아뜨기 6코

곰 인형 수세미 도안

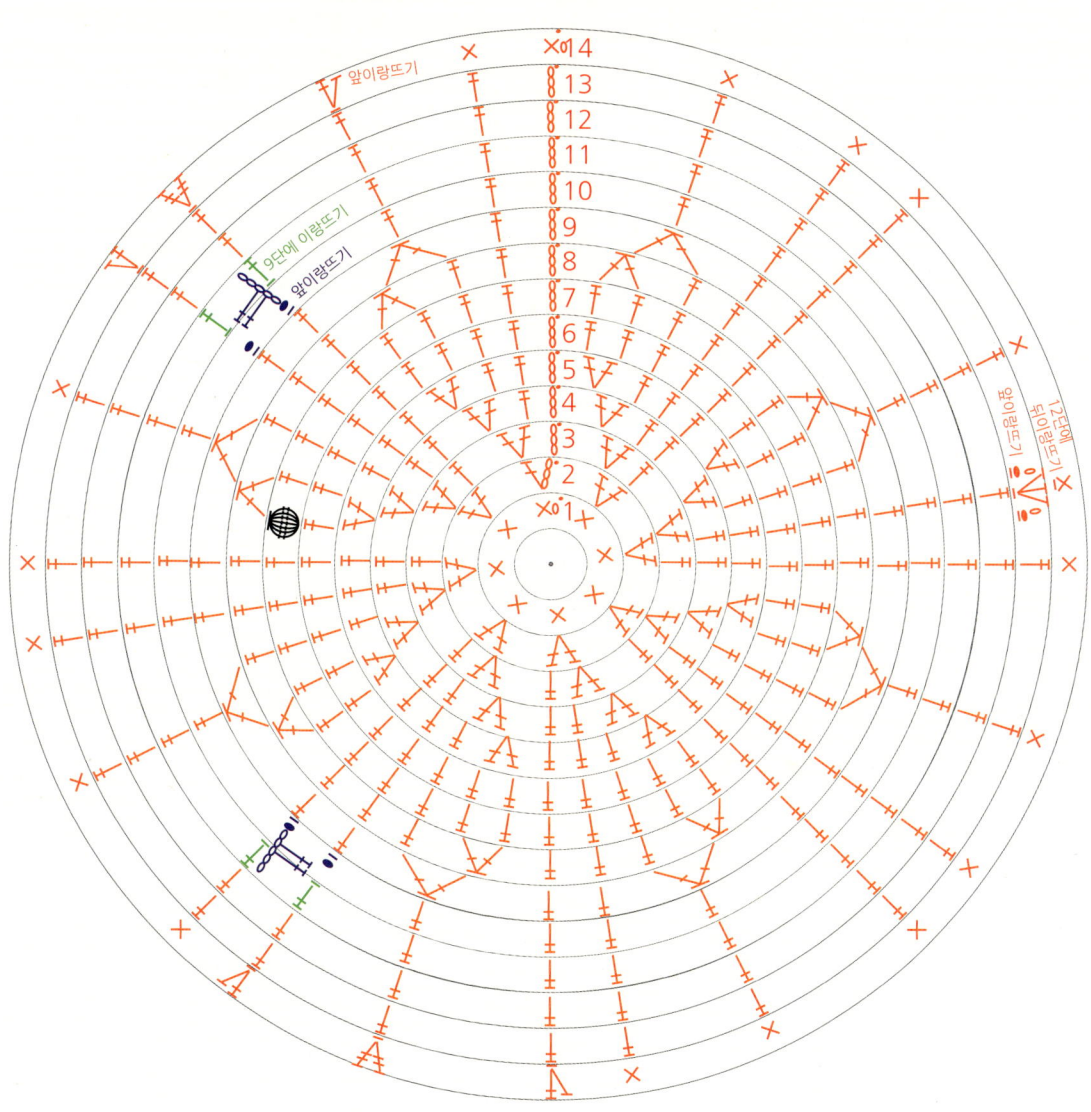

귀

DISH SPONGE

7
토끼 인형 수세미

산토끼, 토끼야, 어디를 가느냐~♪ 우리 집에 새초롬한 토끼 인형들이 놀러왔어요.

Preparation

- ♦ **사용실** | 연분홍색, 흰색
- ♦ **사용바늘** | 모사용 5/0호 코바늘
- ♦ **자수실** | 아크릴 자주색, 아크릴 베이지색
- ♦ **완성 사이즈** | 머리 지름 8.5cm, 높이 12.5cm

★ 토끼 인형 수세미의 머리와 몸은 곰 인형과 동일합니다.

How to make

01 곰 인형 수세미의 머리와 몸 도안을 보고 토끼 인형 수세미의 머리와 몸을 뜹니다.

02 귀는 머리 부분 3단 기둥에 걸어 뜹니다. 먼저 빼뜨기 후 사슬뜨기 6코를 뜹니다.

03 방금 뜬 사슬코의 바로 직전 코부터 짧은뜨기를 뜨기 시작합니다.

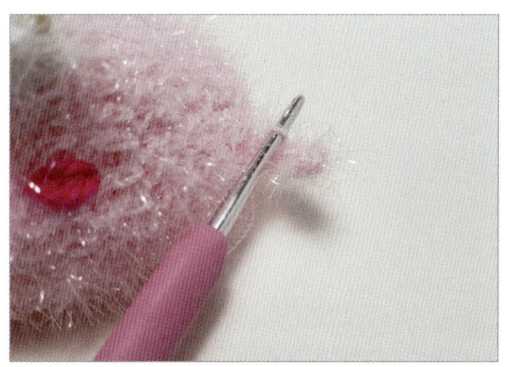

04 짧은뜨기 5코를 뜬 후 걸어 뜬 3단 기둥에 빼뜨기를 뜹니다.

How to make

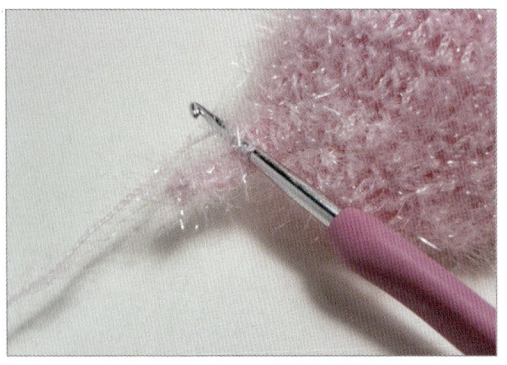

05 반대쪽 사슬부터 긴뜨기를 뜨기 시작합니다.

06 귀 아래쪽부터 위쪽까지 긴뜨기 5코를 뜬 모습입니다.

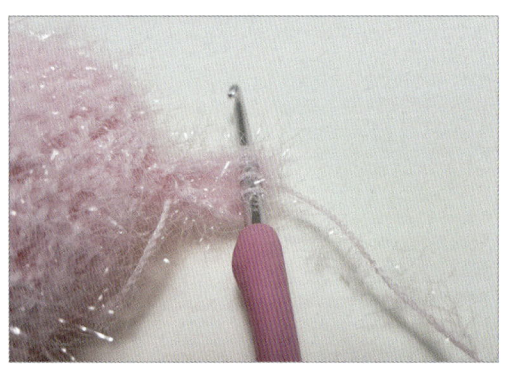

07 마지막 사슬은 건너뛰고 반대쪽 짧은뜨기 코에 긴뜨기를 뜨기 시작합니다.

08 귀 위쪽부터 아래쪽까지 긴뜨기 4코, 짧은뜨기 1코 후 걸어 뜬 3단 기둥에 빼뜨기를 하면 토끼 귀가 완성됩니다.

09 반대쪽 귀도 동일한 방법으로 뜨면 귀여운 토끼 인형 수세미가 완성됩니다.

TIP
토끼 인형 수세미도 곰 인형 수세미와 동일한 방법으로 인형으로 만들 수 있습니다.

토끼 인형 수세미 도안

귀

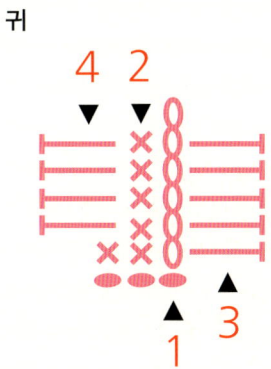

· DISH SPONGE ·

8
아기 오리 인형 수세미

얘들아, 같이 놀자.
삐약삐약, 작고 귀여운 아기 오리 인형들이 친구들을 찾아왔네요.

Preparation

◆ **사용실** | 진노란색, 연노란색　　◆ **자수실** | 아크릴 파란색
◆ **사용바늘** | 모사용 5/0호 코바늘　　◆ **완성 사이즈** | 머리 지름 8.5cm, 높이 11cm

★ 아기 오리 인형 수세미는 곰 인형 수세미와 7단 부리 부분, 10단 날개 부분, 13단 및 14단의 발 및 마무리 부분이 다릅니다.

How to make

01 6단까지는 곰 인형 수세미와 동일하게 뜹니다.

02 7단 부리 부분은 앞이랑뜨기로 뜹니다. 하나의 코에 [한길긴뜨기 2코 모아뜨기, 사슬뜨기 3코, 한길긴뜨기 2코 모아뜨기]를 합니다.

03 7단까지 뜬 모습입니다.

04 8단 부리 부분은 6단에 남은 뒤이랑에 뜹니다.

How to make

○ 05   9단까지 뜬 후 자유롭게 눈을 수놓습니다.

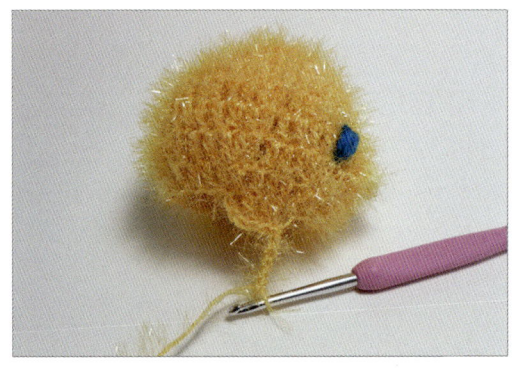

○ 06   10단에서는 오리 인형의 날개 부분을 만듭니다. 날개를 만들기 위해 앞이랑뜨기로 빼뜨기를 한 후 사슬뜨기 5코를 뜹니다.

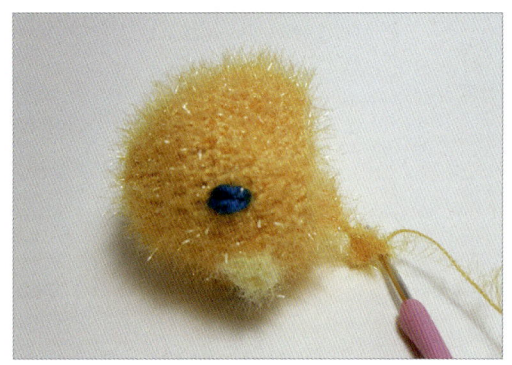

○ 07   방금 뜬 사슬의 바로 직전 사슬코부터 차례로 [짧은뜨기, 긴뜨기, 한길긴뜨기]를 뜹니다.

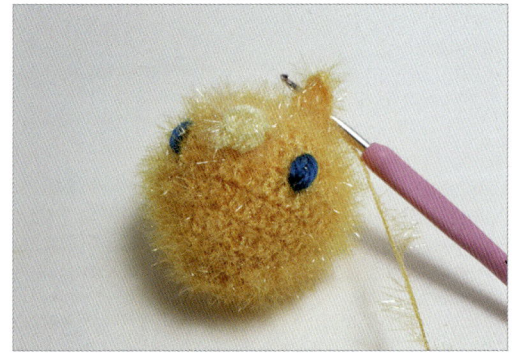

○ 08   다음 코에 앞이랑뜨기로 빼뜨기를 하면 팔이 완성됩니다.

⑨ 10단까지 뜬 모습입니다.

⑩ 발은 한길긴뜨기 4코 모아뜨기로 완성합니다. 이때 주의할 점은 1코에 2개씩 총 2코에 나누어 미완성 한길긴뜨기를 떠야 합니다.

⑪ 13단까지 뜬 모습입니다.

⑫ 14단은 도안대로 짧은뜨기를 둘러주면 아기 오리 인형 수세미가 완성됩니다.

TIP
아기 오리 인형 수세미도 곰 인형 수세미와 동일한 방법으로 인형으로 만들 수 있습니다.

아기 오리 인형 수세미 도안

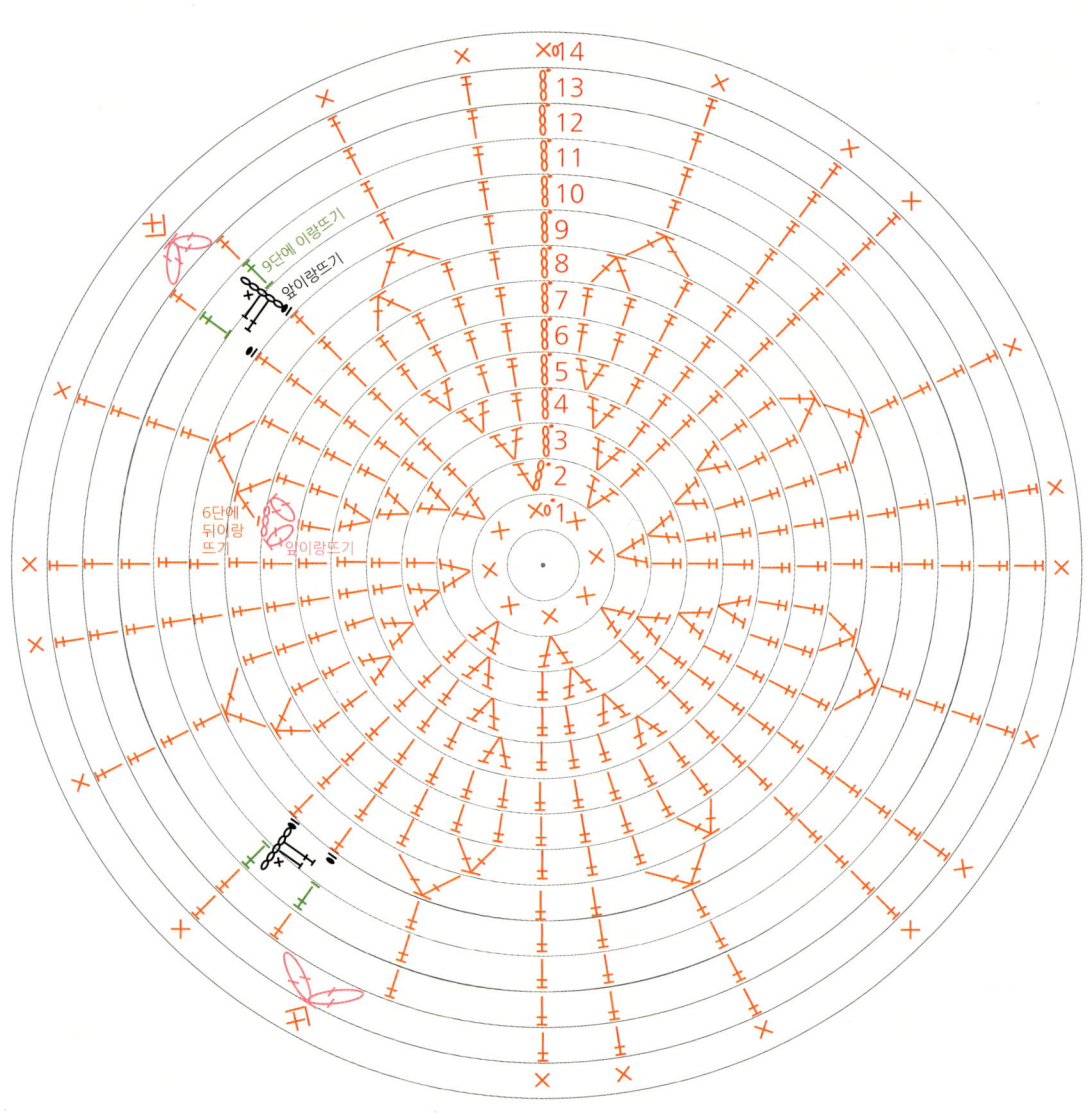

DISH SPONGE

9 돌고래 수세미

첨벙첨벙, 물이 즐거운 돌고래에게 주방은 신나는 놀이터예요.

Preparation

- **사용실** | 파란색, 흰색
- **사용바늘** | 모사용 5/0호 코바늘
- **자수실** | 아크릴 하늘색
- **완성 사이즈** | 머리 지름 9cm, 높이 13cm

★ 돌고래 수세미는 곰 인형 수세미와 9단까지 동일합니다. 단, 입 부분은 배색 없이 뜹니다.
★ 돌고래 수세미의 지느러미는 아기 오리 인형 수세미의 날개와 같은 방법으로 뜹니다.

How to make

01 입 부분 배색 없이 9단까지는 곰 인형 수세미와 동일하게 뜬 후, 자유롭게 눈과 입을 수놓습니다.

02 10단 지느러미 부분은 오리 인형의 날개 부분과 동일한 방법으로 완성합니다. 두 지느러미 사이는 흰색 실로 뜹니다.

03 14단까지 뜬 모습입니다. 배색은 12단까지 들어갑니다.

04 15단에서는 꼬리를 표현합니다. 1번째 코에 빼뜨기, 2번째 코에 두길긴뜨기 5코 모아뜨기와 사슬뜨기 4코, 3번째 코에 빼뜨기, 4번째 코에 두길긴뜨기 5코 모아뜨기와 사슬뜨기 4코, 5번째 코에 빼뜨기를 한 후, 6번째 코는 비워두고 마무리합니다.

돌고래 수세미 도안

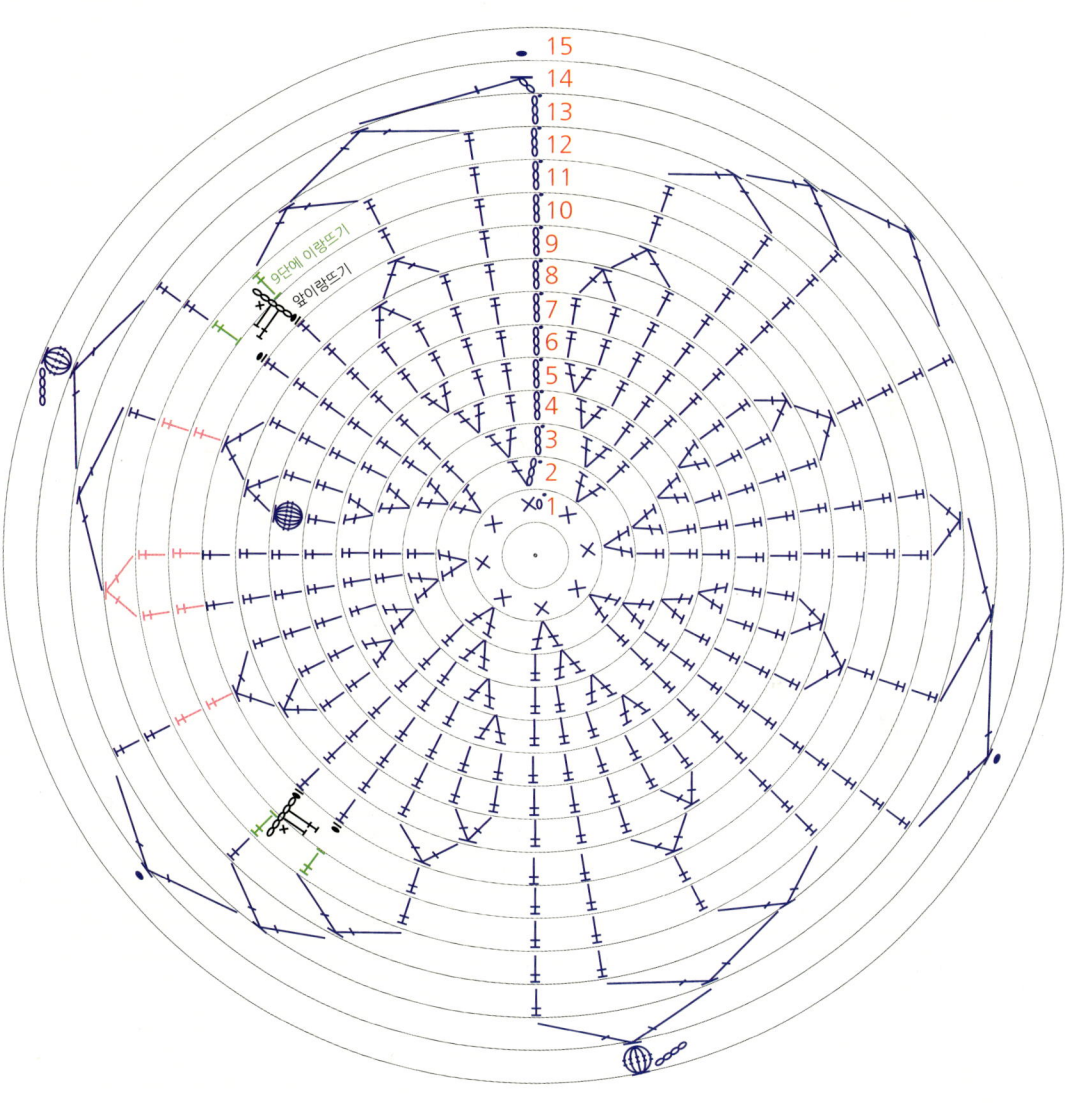

. DISH SPONGE .

10
유령 수세미

어머나! 간밤에 누군가 설거지를 해두었어요! 아하! 착하고 귀여운 아기 유령이 다녀갔군요.

Preparation

- **사용실** | 연회색
- **사용바늘** | 모사용 5/0호 코바늘
- **자수실** | 아크릴 검은색, 아크릴 하늘색
- **완성 사이즈** | 머리 지름 8cm, 높이 12.5cm

★ 유령 수세미는 곰 인형 수세미와 7단 얼굴 부분, 10단 팔 부분, 13단에서 17단까지의 마무리 부분이 다릅니다.

How to make

01 7단을 제외하고 9단까지는 곰 인형 수세미와 동일하게 뜹니다.

02 10단에서는 유령의 팔 부분을 만듭니다. 팔을 만들기 위해 앞이랑뜨기로 빼뜨기를 한 후 사슬뜨기 7코를 뜹니다.

03 방금 뜬 사슬코부터 3번째 사슬코에서 시작하며, 한길긴뜨기 5코를 뜹니다.

04 다음 코에 앞이랑뜨기로 빼뜨기를 하면 팔이 완성됩니다.

How to make

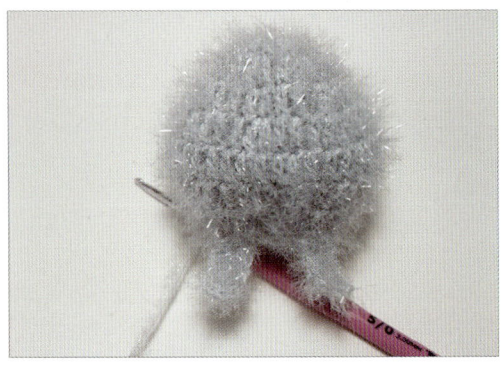

05 같은 방법으로 다른 쪽 팔까지 뜨고 10단까지 완성한 모습입니다.

06 두 팔을 중앙에 오게 두고 눈과 입을 수놓습니다.

07 11단의 팔 부분은 9단의 남은 이랑에 뜹니다.

08 13단부터는 휘어진 유령 몸통 표현을 위해 여러 기호를 사용하니 도안을 주의해서 보아야 합니다.

09 17단까지 마무리하면 유령 수세미가 완성됩니다.

TIP

눈과 입 추천 위치

01 입은 7단 아래쪽에 수놓습니다. 두 팔 사이에 입이 오도록 합니다.
02 눈은 입으로부터 3코 떨어진 곳에 수놓습니다.

유령 수세미 도안

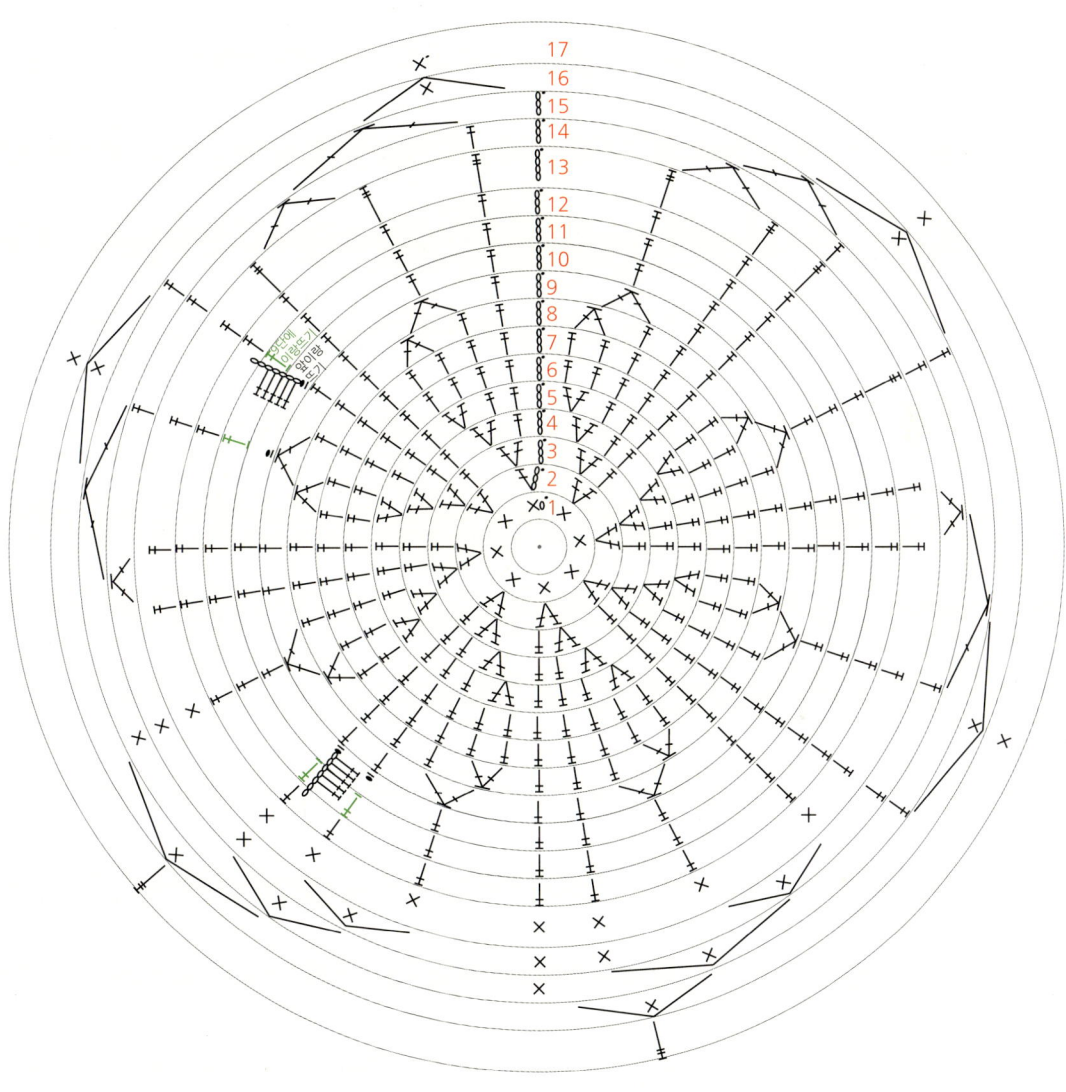

PART 2

언제나 함께 하고픈 것을
그리는 작가
정민선

연일 디자이너스PRO 회원
연일 수세미 디자인북 참여
블로그 https://foruforever.blog.me/

1 허스키 인형 수세미
DISH SPONGE

인형같이 귀여운 허스키, 한 번 만나볼까요?

Preparation

- **사용실** | 은회색, 진회색
- **사용바늘** | 모사용 5/0호 코바늘
- **자수실** | 아크릴 검은색
- **완성 사이즈** | 가로 6.5cm, 세로 12cm

How to make

01 발 도안을 참고하여 발 1개를 만들어주세요.

02 발 하나를 더 만든 다음, 실을 끊지 말고 사슬 5코를 떠주세요.

03 몸통 도안을 참고하여 두 번째로 만든 발을 첫 번째 발의 별표 위치에 빼뜨기로 연결해주세요.

04 몸통 도안을 참고하여 연결된 두 발에 1단을 떠주세요.

How to make

05 색이 달라지는 부분을 잘 확인하여 떠주세요.

06 2단까지 떠준 모습입니다.

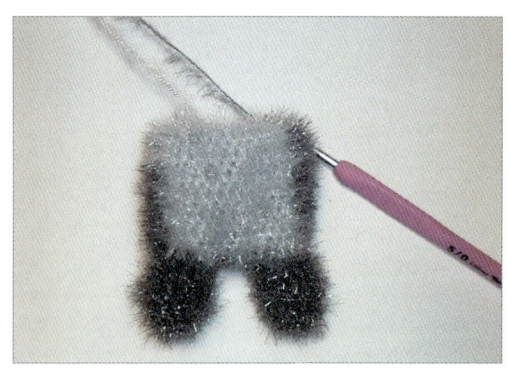

07 도안을 참고하여 7단까지 떠주세요.

08 도안에서 코 줄이기와 색 변경하기를 잘 확인하며 8단을 떠주세요.

09 9단은 짧은뜨기로 떠주세요.

10 얼굴 스티치를 참고하여 얼굴 스티치를 해주세요.

How to make

⑪ 긴뜨기로 10단을 떠준 후 실을 끊어서 몸통 마무리를 해주세요.

⑫ 귀 도안 1을 참고하여 은회색으로 수세미가 정면을 바라보게 한 다음, 앞쪽 귀 2개를 떠주세요.

⑬ 뒤를 돌려서 진회색으로 뒤쪽도 과정 12와 같이 귀 2개를 떠주세요.

⑭ 귀 도안 2를 참고하여 진회색으로 과정 12~13에서 만든 귀를 포개어 잡고 귓바퀴를 떠주세요.

⑮ 완성된 모습입니다.

TIP
완성 수세미가 너무 작을 때는 바늘의 호수를 올려서 만들어보세요.

허스키 인형 수세미 도안

몸통

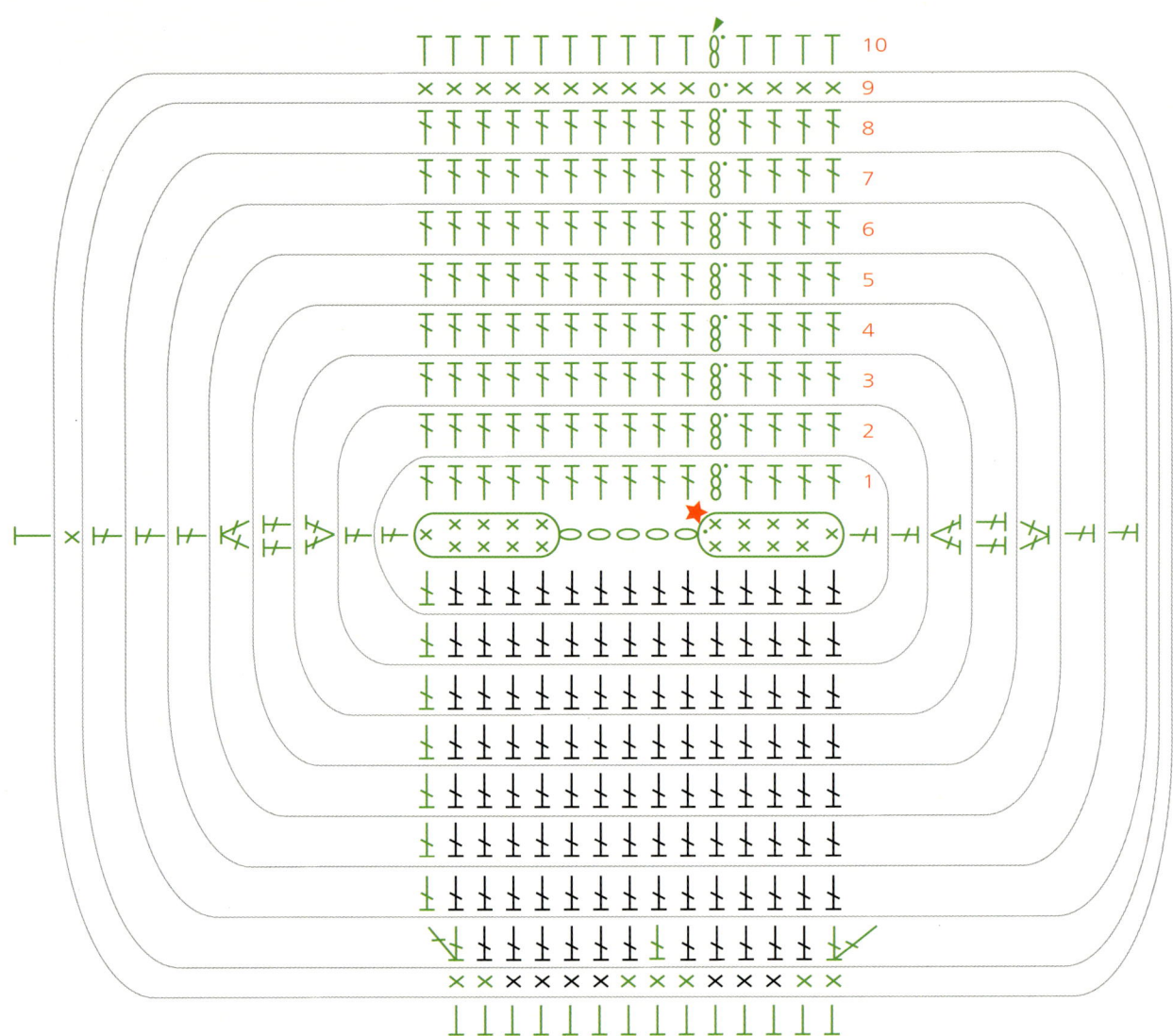

발

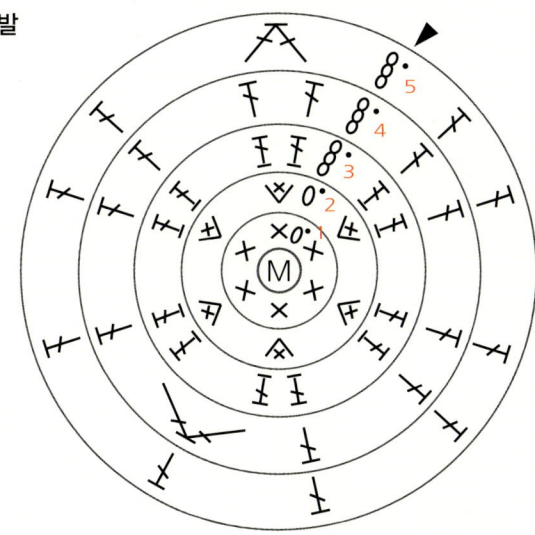

얼굴 스티치

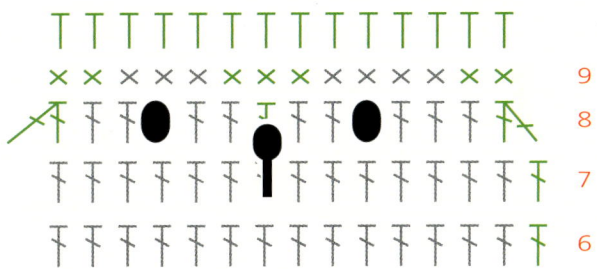

귀

귀 도안 1   귀 도안 2

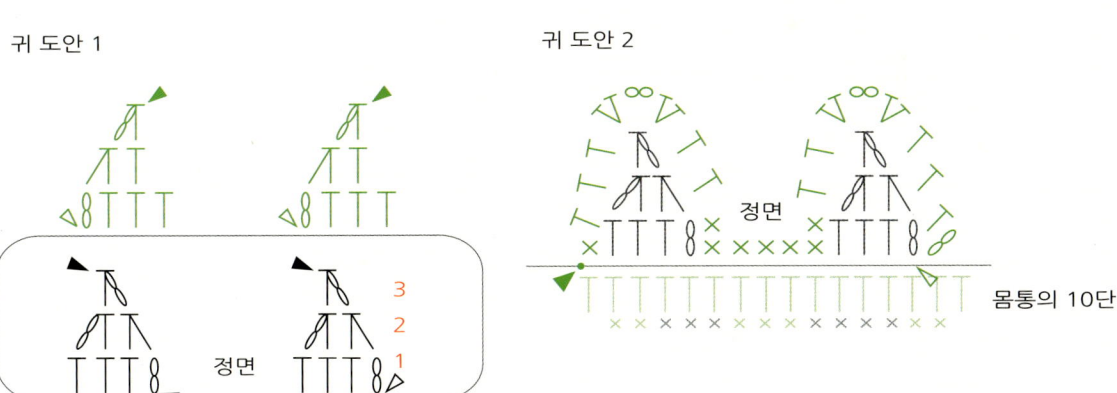

2

달달 꽃만쥬 수세미

보기도 좋고 맛도 좋아 보이는 달달 꽃만쥬로 달달한 하루를 만들어보세요.

Preparation

- ◆ **사용실** | 연주황색, 탁한 연두색, 연노란색
- ◆ **사용바늘** | 모사용 5/0호 코바늘
- ◆ **완성 사이즈** | 지름 8.5cm

How to make

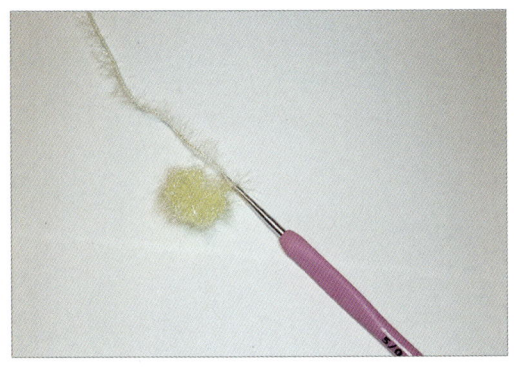

01 연노란색으로 매직링을 만든 후 [한길긴뜨기 2코 구슬뜨기와 사슬 3코]를 반복하여 1단을 떠주세요.

02 2단 연주황색으로 바꾼 후, 1단의 구슬뜨기 코에는 짧은뜨기를, 사슬 3코에는 [기둥사슬 4코, 두길긴뜨기 5코, 다시 기둥사슬 4코]를 반복해서 떠주세요.

03 3단은 탁한 연두색으로 바꾼 후, 1단의 구슬 뜨기에 두길긴뜨기 앞걸어뜨기를 해주세요.

04 사슬 2코 후 꽃잎 색으로 바꿔서 한길긴뜨기 앞걸어뜨기 5코를 해준 뒤 다시 탁한 연두색 으로 바꿔서 사슬 2코를 해주세요.

How to make

05 도안대로 3, 4번을 반복하여 3단을 떠주세요.

06 4단은 연노랑으로 색을 바꿔서 기둥사슬 3코와 두길긴뜨기를 떠주세요.

07 연주황색으로 바꾼 후 [한길긴뜨기 앞걸어뜨기, 두길긴뜨기 앞걸어 3코 모아뜨기, 다시 한길긴뜨기 앞걸어뜨기]를 해주세요.

08 탁한 연두색으로 바꾼 후 두길긴뜨기 5코를 해주세요.

How to make

09 도안대로 7, 8번을 반복하여 4단을 떠주세요.

10 5단부터는 연노랑으로 호빵 모양을 떠주세요.

11 7단부터는 코 줄이기입니다.

12 완성된 모습입니다.

TIP
꽃잎의 연두색이 아닌 다양한 색으로 만들어보세요.
고정관념을 탈피하면 더 다양한 작품을 만들 수 있습니다.

달달 꽃만쥬 수세미 도안

꽃

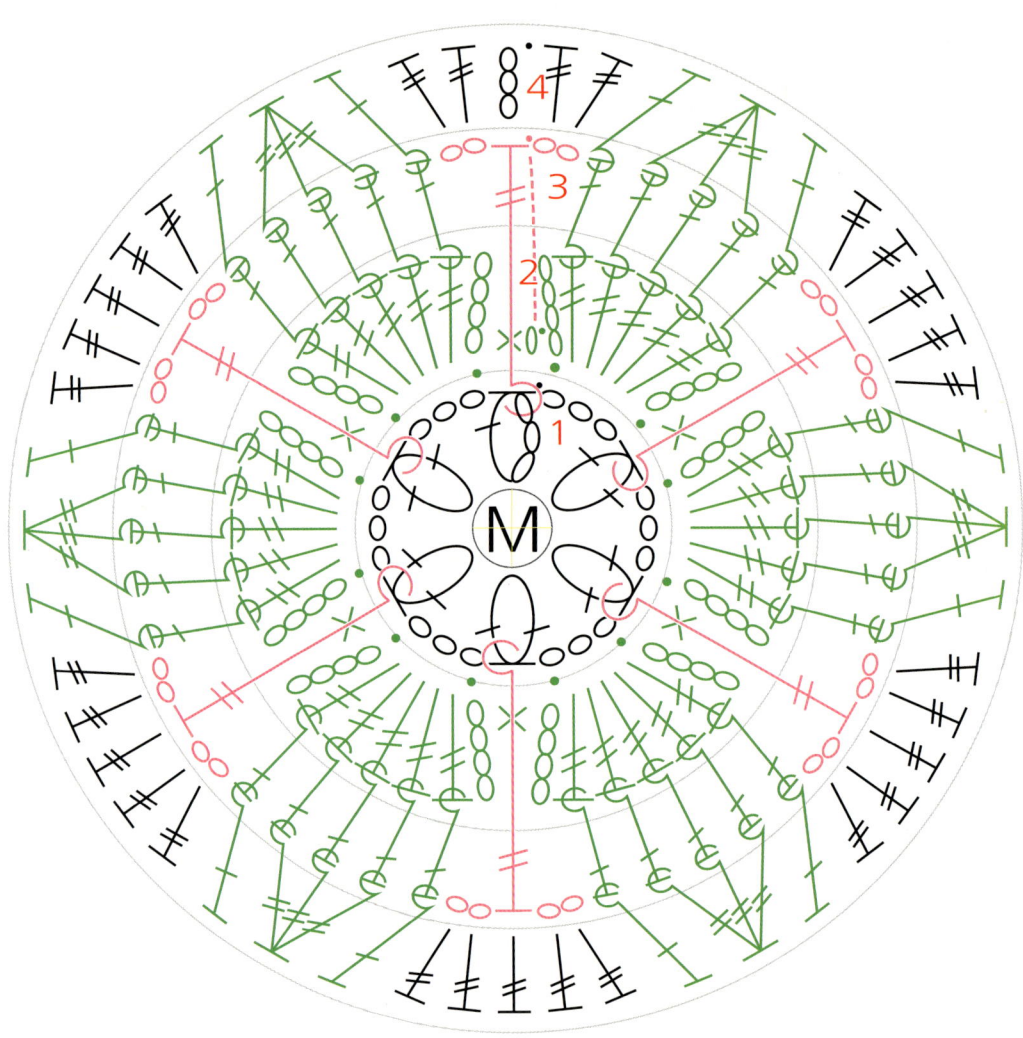

호빵 배경

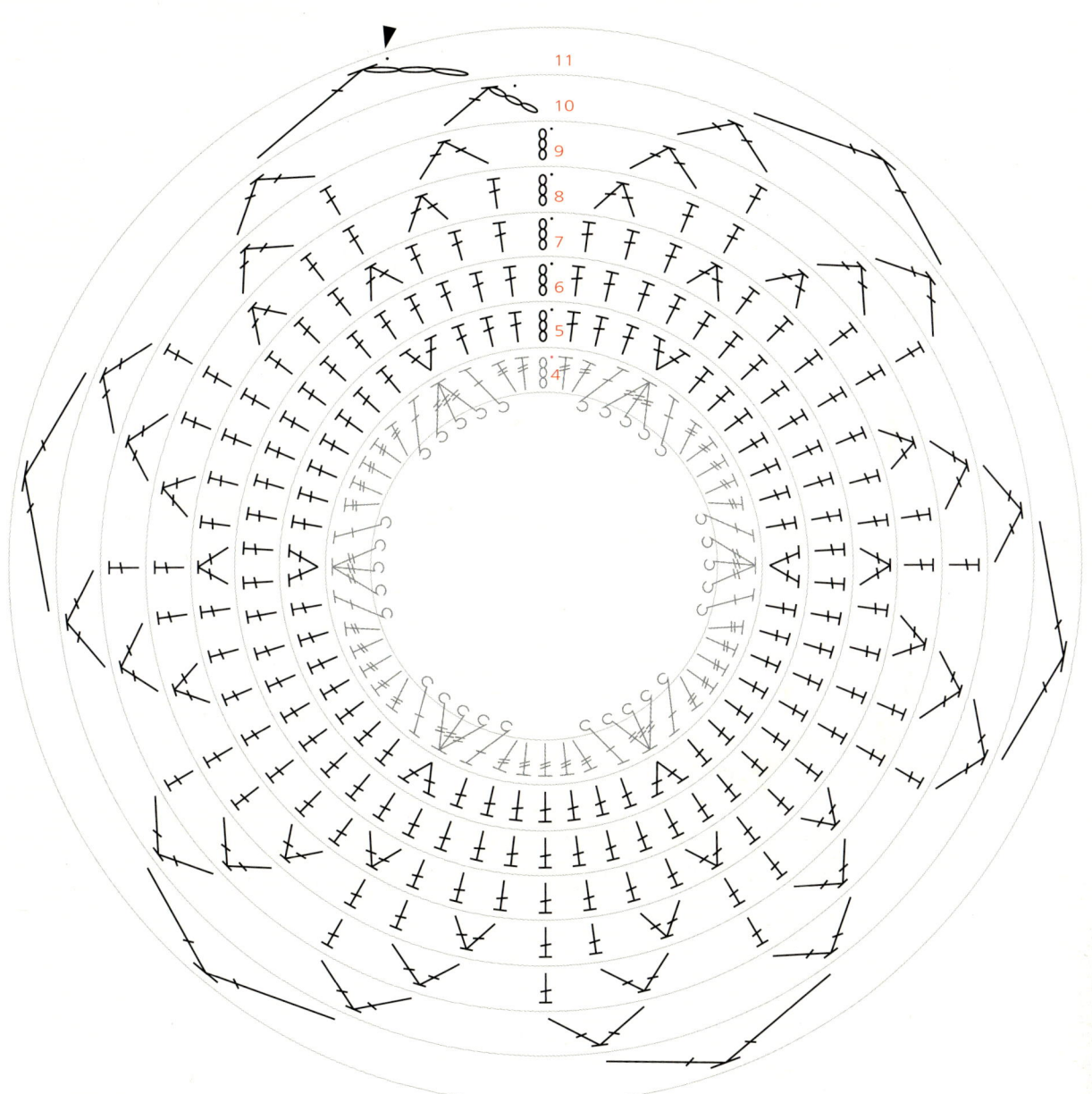

· DISH SPONGE ·

3
선인장 꽃돌이 수세미

꽃이 핀 선인장인 줄 알았는데, 알고 보니 사랑스러운 꽃돌이였어요.

Preparation

- **사용실** | 연분홍색, 흰색, 민트색
- **사용바늘** | 모사용 5/0호 코바늘
- **자수실** | 아크릴 검은색, 아크릴 빨강
- **완성 사이즈** | 지름 9cm

How to make

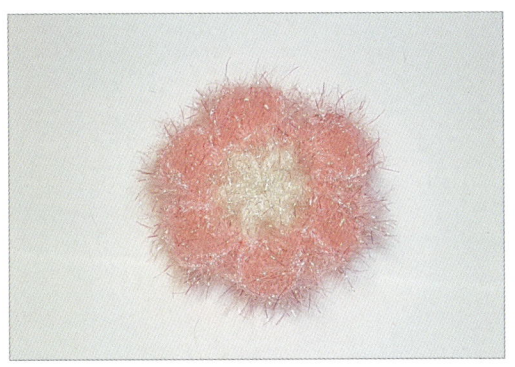

01 1~2단은 달달 꽃만쥬의 만들기 과정 2와 같은 방법으로 꽃을 떠주세요.

02 3단은 흰색으로 변경한 후 도안을 참고하여 꽃잎을 짧은뜨기로 둘러 떠주세요.

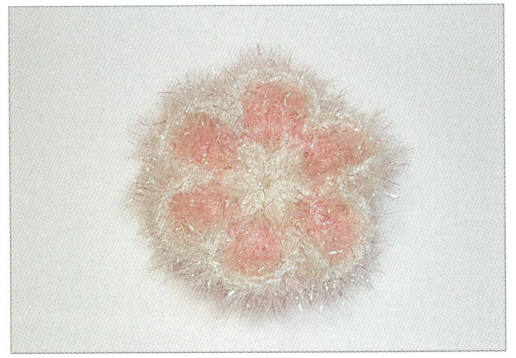

03 짧은뜨기로 모두 둘러준 모습입니다.

04 민트색으로 바꾼 후 도안을 참고하여 3단의 짧은뜨기 코에 짧은뜨기를 해주세요.

How to make

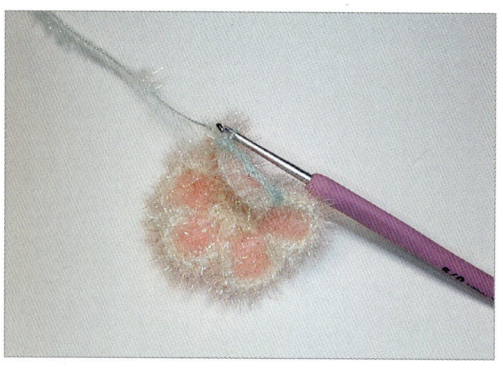

05 4단은 꽃잎 뒤쪽으로 사슬 3코를 뜬 후 꽃잎의 중간 코에 짧은 뒤걸어뜨기, 다시 사슬 3코를 떠주세요.

06 4단을 완료해도 편물의 앞에서는 변화가 크지 않아 보입니다.

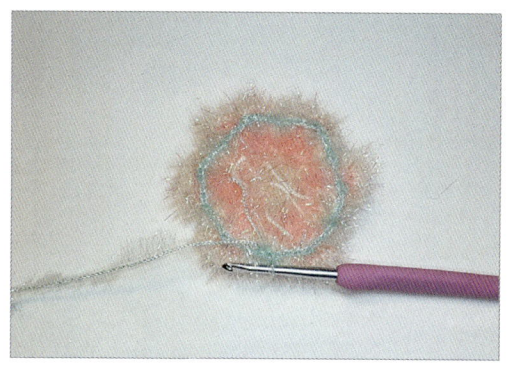

07 편물을 돌려보면 앞과 다르게 원형으로 둘러진 모양이 나옵니다.

08 도안을 참고하여 5단을 떠주세요.

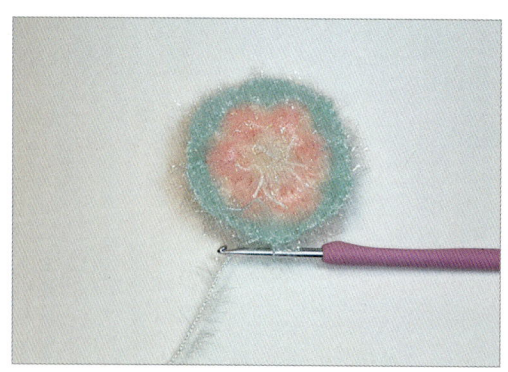

09 5단을 뜬 후 편물의 뒷면입니다.

10 6~8단까지 쭉 떠주세요.

How to make

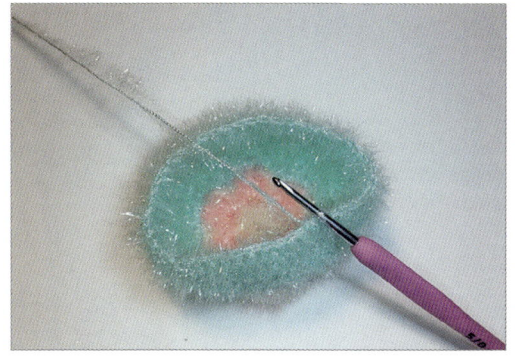

⑪ 9단부터는 코 줄이기입니다.

⑫ 9단까지 떠준 뒤 얼굴 스티치에 들어갑니다.

⑬ 몸통 도안을 참고하여 얼굴 스티치를 해주세요.

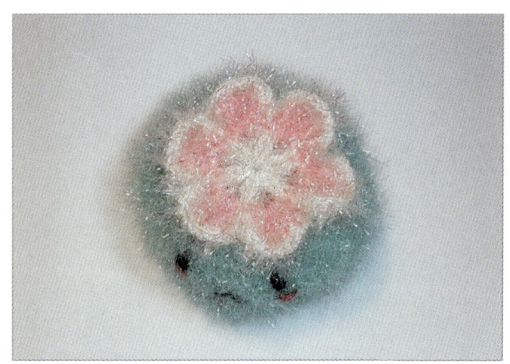

⑭ 스티치 후 몸통의 나머지를 쭉 떠주세요.

⑮ 완성된 모습입니다.

TIP

7, 8단은 코 늘림 없이 한길긴뜨기를 쭉 떠주는 단입니다. 이렇게 코 늘림 없는 단을 더 넣어주면 몸통이 길어지는 선인장 꽃돌이가 됩니다.

선인장 꽃돌이 수세미 도안

꽃

몸통

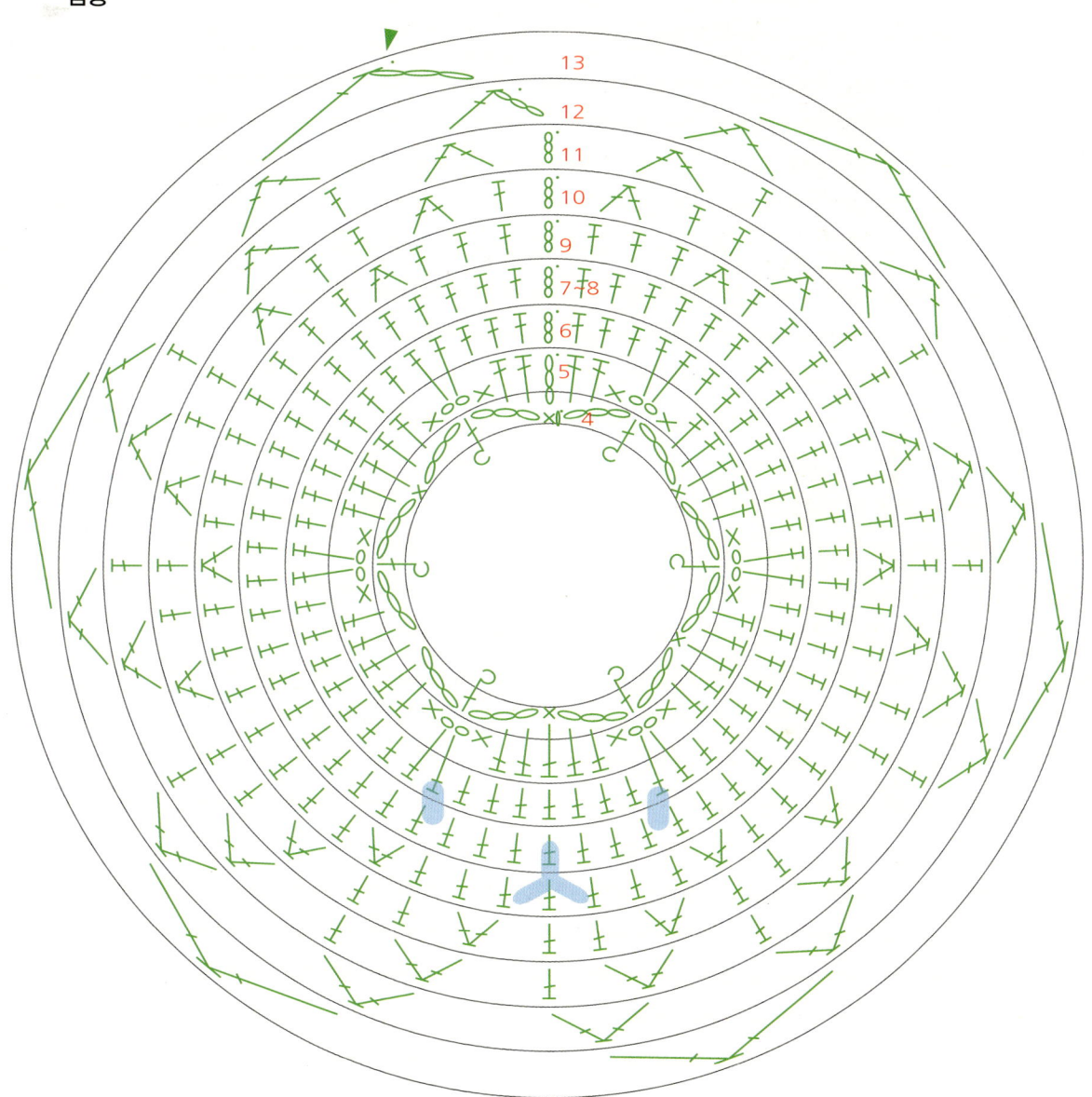

4단은 꽃 도안과 중복입니다.

· DISH SPONGE ·

4
선인장군 수세미

뽀족한 가시가 있어서 날카로워 보이는 선인장도 귀여울 수 있어요.

Preparation

- **사용실** | 연초록색, 밝은 주황색, 펄 흰색
- **사용바늘** | 모사용 5/0호 코바늘
- **자수실** | 아크릴 검은색, 아크릴 흰색
- **완성 사이즈** | 가로 9.5cm, 세로 13cm

주의 • 기본 편물의 방향은 겉면을 보며 떠주세요.

How to make

01 사슬 21코와 기둥사슬 3코를 떠준 뒤, 1~2단을 떠주세요.

02 3단부터는 한길긴뜨기, 한길 앞걸어뜨기, 한길 뒤걸어뜨기를 이용하여 무늬가 들어간 단을 떠줍니다.

03 4단부터 12단까지는 단마다 편물을 뒤집어서 떠주세요. 3단의 한길 앞걸어뜨기에는 한길 뒤걸어뜨기를, 한길 뒤걸어뜨기에는 한길 앞걸어뜨기를 하며 4단을 떠주세요.

04 3단과 4단을 반복하여 12단까지 떠주세요.

How to make

05 13단부터는 선인장군의 양쪽 코 줄이기에 들어갑니다.

06 얼굴 스티치를 참고하여 자유롭게 얼굴 스티치를 해주세요. 스티치는 폴리 수세미 실이 아닌 아크릴 수세미 실로 해야 더 예쁩니다.

07 16단까지 도안을 참고하여 선인장군 몸통을 마무리해주세요.

08 도안을 참고하여 꽃 뜨기를 시작해주세요. 꽃의 1단으로 기둥사슬 3코와 한길긴뜨기를 해줍니다.

How to make

09 꽃의 2단은 [기둥사슬 2코+한길긴뜨기와 한길 2코 늘려뜨기]를 해주세요. 꽃의 3단은 [기둥사슬 3코와 한길긴뜨기 3코, 사슬 1코]를 해주세요.

10 꽃이 완성된 모습입니다.

11 꽃 테두리 도안을 참고하여 꽃의 외곽을 짧은 뜨기로 둘러 떠주세요.

12 완성된 모습입니다.

TIP

한길 2코 모아 앞걸어뜨기에 한길 앞걸어뜨기를 할 경우, 사진처럼 모았던 두 기둥을 한꺼번에 걸어주세요.

선인장군 수세미 도안

꽃 테두리

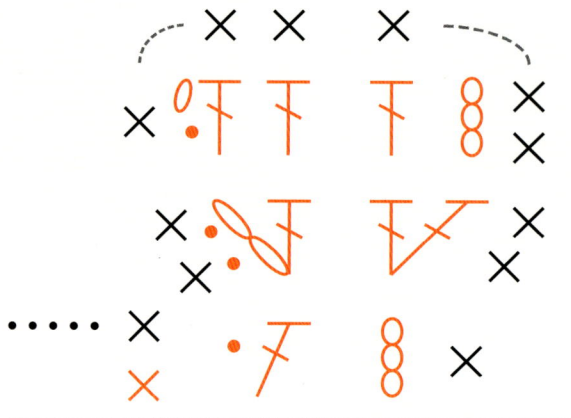

얼굴 스티치

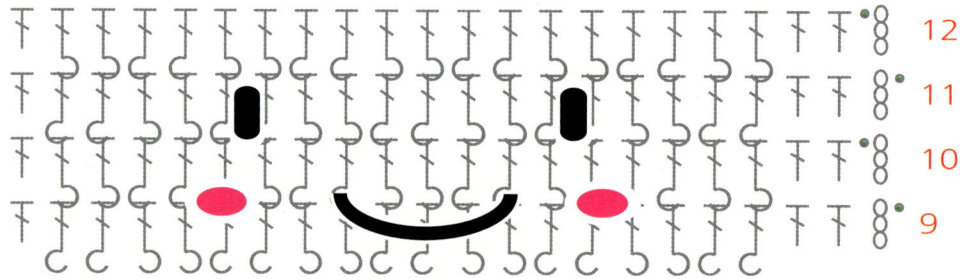

몸통

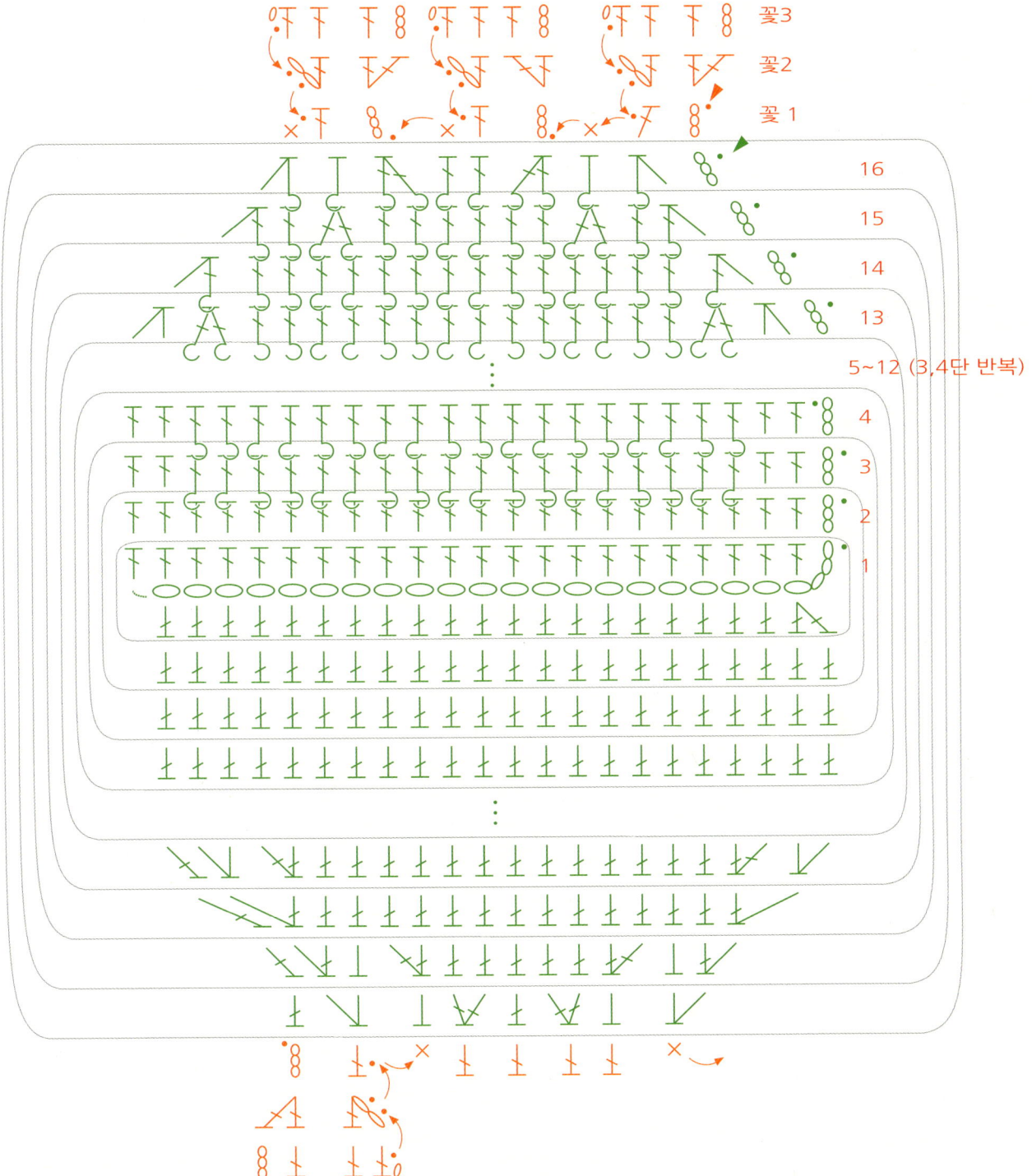

5 선인장 단면 수세미

단면으로 된 보다 실용적인 선인장 수세미를 만들어보세요.

Preparation

- **사용실** | 밝은 연두색, 진분홍색, 펄 흰색
- **사용바늘** | 모사용 5/0호 코바늘
- **완성 사이즈** | 가로 9cm, 세로 13cm

How to make

01 사슬 21코와 기둥사슬 3코를 떠준 뒤, 1~2단을 떠주세요. 단마다 편물을 뒤집어서 떠주어야 합니다.

02 3단부터는 [한길긴뜨기, 한길 앞걸어뜨기, 한길 뒤걸어뜨기]를 이용하여 무늬가 들어간 단을 떠줍니다.

03 3단의 한길 앞걸어뜨기에는 한길 뒤걸어뜨기를, 한길 뒤걸어뜨기에는 한길 앞걸어뜨기를 하며 4단을 떠주세요.

04 3단과 4단을 반복하여 12단까지 떠주세요.

How to make

05 13단부터는 양쪽 코 줄이기에 들어갑니다. 도안을 참고하여 떠주세요.

06 외곽을 제외한 선인장 몸통(16단)까지 모두 떠준 상태입니다.

07 도안 2를 참고하여 수세미 전체 외곽을 짧은 뜨기로 떠주세요.

08 외곽을 뜨면서 꼬리 실을 만나면 감싸 뜨며 숨겨주면 됩니다.

09 짧은뜨기로 뜨면서 꼬리 실을 숨긴 모습입니다.

10 외곽을 포함한 선인장 몸통을 모두 뜬 상태입니다.

How to make

11 도안을 참고하여 꽃 뜨기를 시작해주세요.

12 꽃의 1단으로 기둥사슬 3코와 한길긴뜨기를 해줍니다.

13 꽃의 2단으로 [기둥사슬 2코+한길긴뜨기와 한길 2코 늘려뜨기]를 해주세요.

14 꽃의 3단으로 [기둥사슬 3코와 한길긴뜨기 3코, 사슬 1코]를 해준 다음 도안의 화살표를 참고하여 떠주세요.

15 앞 과정을 반복하여 꽃잎 3장을 만들어주세요.

How to make

16 선인장군 수세미의 꽃 테두리 도안을 참고하여 꽃의 외곽을 짧은뜨기로 둘러 떠주세요.

17 완성된 모습입니다.

TIP

몸통의 배색을 달리하거나 테두리 색을 몸통과 다른 색으로 하면 색다른 느낌을 줄 수 있습니다.

선인장 단면 수세미 도안

도안 1

도안 2

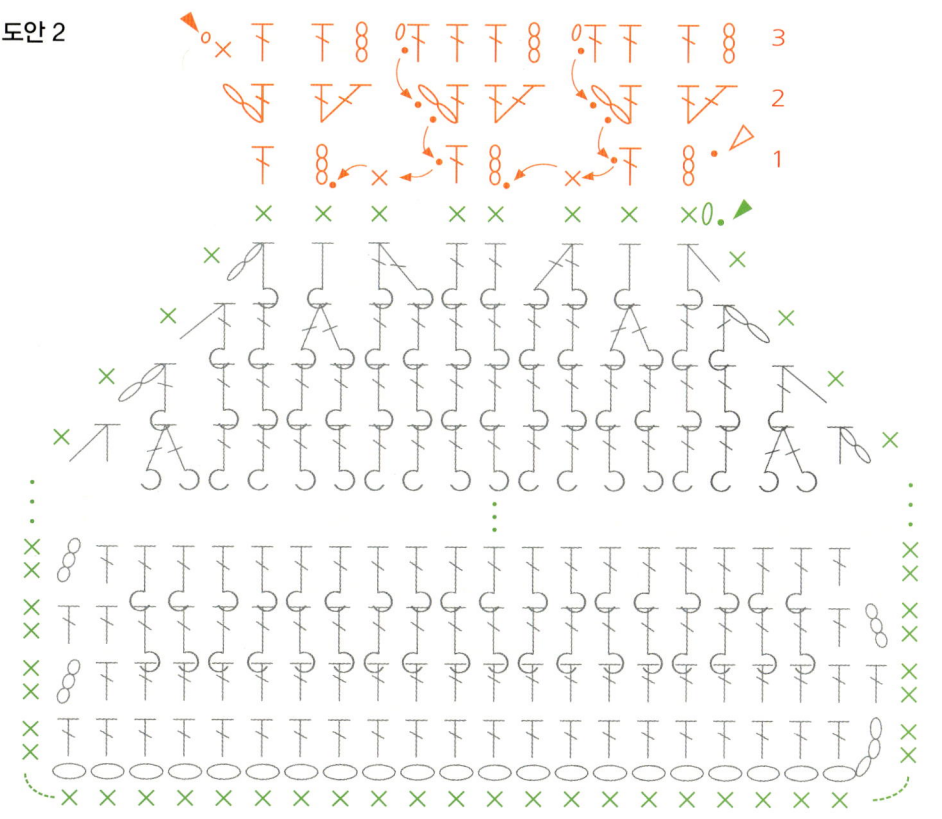

DISH SPONGE
6
꽃토끼 수세미

꽃을 좋아해서 화관을 만드는 것이 취미인 꽃토끼예요.

Preparation

- **사용실** | 연한 민트색, 청록색, 흰색, 분홍색
- **자수실** | 아크릴 검은색, 아크릴 연분홍
- **화관의 꽃** | 각각 30cm 정도 잘라 준비 | 연한 빨간색, 연두색, 연노란색
- **사용바늘** | 모사용 5/0호 코바늘
- **완성 사이즈** | 지름 9cm

How to make

01 매직링을 만들어서 연민트색과 청록색으로 1~3단을 떠주세요.

02 귀 시작 코(빨간 별) 위치와 귀 도안을 참고하여 귀를 떠주세요. 흰색으로 귓속을 먼저 떠주세요.

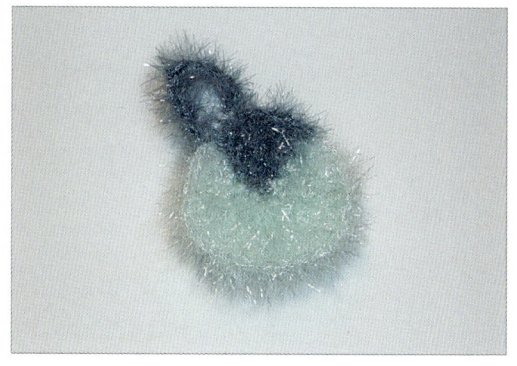

03 청록색으로 귓바퀴를 떠주세요.

04 양쪽 귀를 모두 떠준 모습입니다.

How to make

05 꽃 위치 도안과 꽃 도안을 참고하여 꽃을 뜹니다. 실을 넣어 빼뜨기로 위치를 잡아줍니다.

06 사슬 3코를 떠줍니다.

07 처음에 빼뜨기해준 위치에 다시 빼뜨기를 해주고 실은 편물 뒤쪽으로 빼주세요.

08 실을 끊지 말고 같은 방법으로 연빨강의 꽃을 2개 더 떠주세요.

09 연두색, 연노란색의 실을 사용하여 꽃을 떠서 화관을 완료해주세요. 화관의 꽃 개수는 자유롭게 정하세요.

10 얼굴 스티치 도안을 참고하여 얼굴 스티치를 해주세요.

How to make

⑪ 분홍색으로 4단을 시작합니다. 귀 직전까지 떠주세요.

⑫ 귀 도안의 4단 빼뜨기 위치를 참고하여 빼뜨기를 한 뒤 귀 뒤쪽으로 사슬 3코, 다시 빼뜨기를 해주세요.

⑬ 도안을 참고하여 4단을 떠주세요.

⑭ 도안을 참고하여 5~7단까지 떠주세요.

⑮ 8단부터는 코 줄이기입니다.

⑯ 완성된 모습입니다.

꽃토끼 수세미 도안

몸통

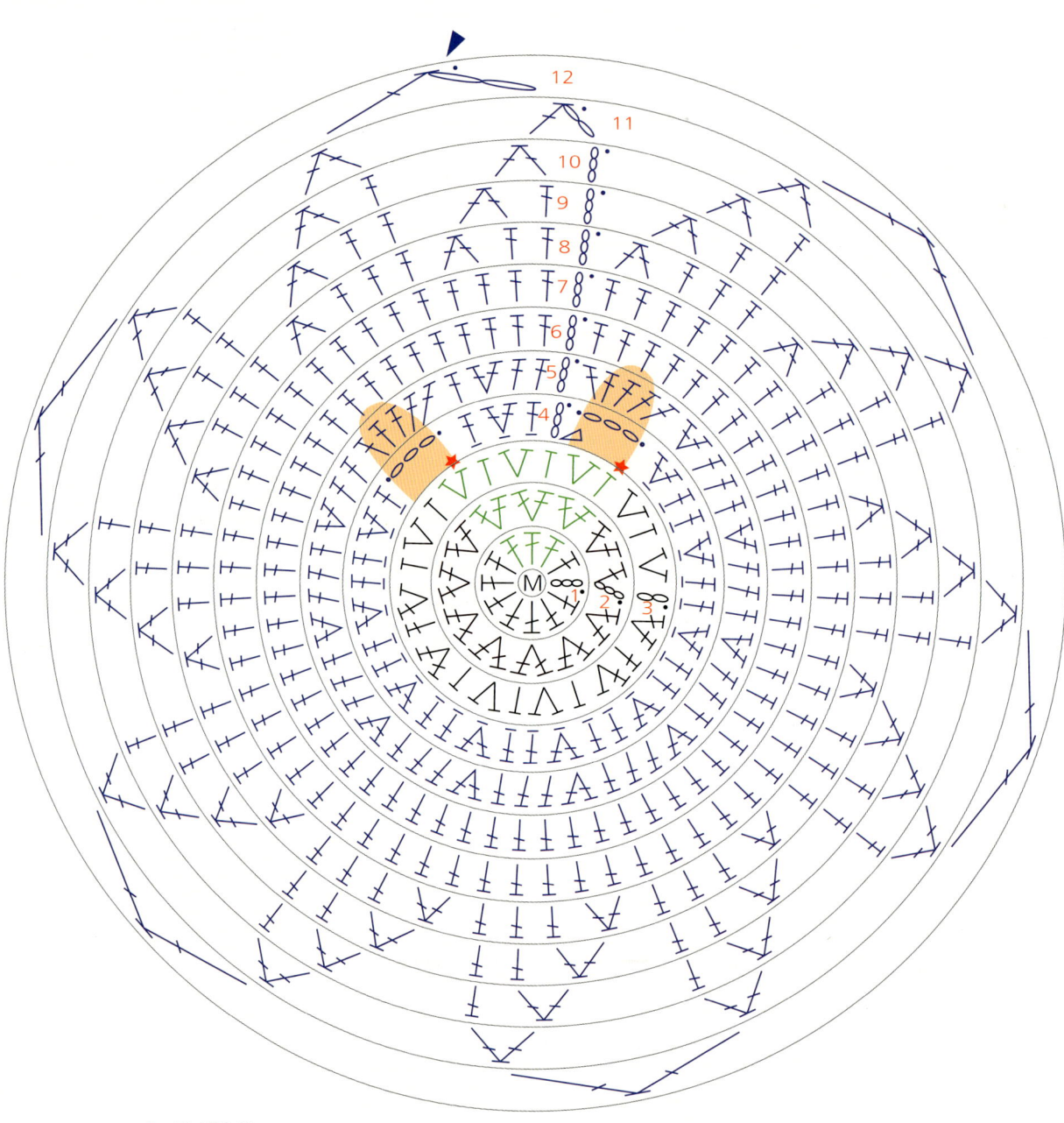

★ : 귀 시작 코

귀

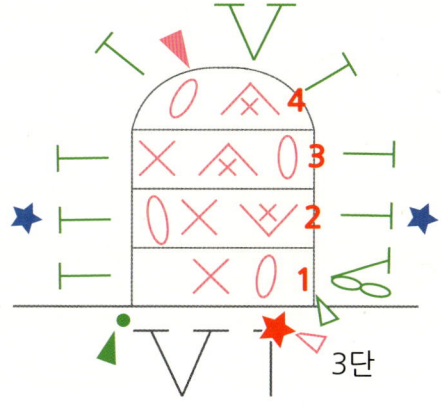

★ 4단의 빼뜨기 위치

꽃

얼굴 스티치

★ 꽃 위치

DISH SPONGE

7

꽃사슴 수세미

꽃토끼의 베스트 프렌드 꽃사슴이에요. 꽃향기 가득한 동물들을 만들어보세요.

Preparation

- **사용실** | 베이지색, 갈색, 흰색, 연노란색
- **화관의 꽃** | 각각 30cm 정도 잘라 준비
- **사용바늘** | 모사용 5/0호 코바늘
- **자수실** | 아크릴 검은색, 아크릴 연분홍색
- | 연분홍색, 밝은 연두색, 연보라색
- **완성 사이즈** | 지름 9cm

How to make

01 매직링을 만들어서 베이지색과 갈색으로 1~3단을 떠주세요.

02 귀 시작 코(빨간 별) 위치와 귀 도안을 참고하여 귀를 떠주세요. 흰색으로 귓속을 먼저 떠주세요.

03 갈색으로 귓바퀴를 떠주세요.

04 양쪽 귀를 모두 떠준 모습입니다.

How to make

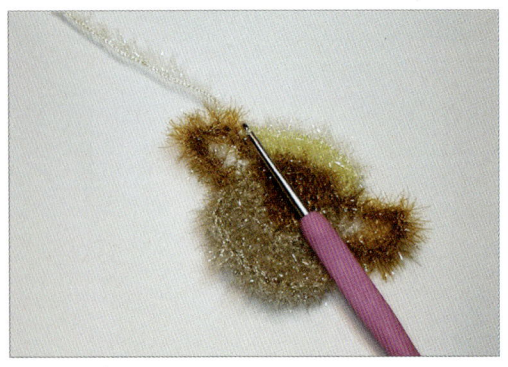

05 연노란색으로 4단을 시작합니다. 귀 직전까지 떠주세요.

06 귀 도안의 4단 빼뜨기 위치를 참고하여 빼뜨기를 한 뒤 귀 뒤쪽으로 사슬 3코, 다시 빼뜨기를 해주세요.

07 도안을 참고하여 4단을 떠주세요.

08 꽃토끼의 설명 5~9번을 참고하여 화관을 떠주세요.

How to make

09 얼굴 스티치 도안을 참고하여 얼굴 스티치를 해주세요.

10 도안을 참고하여 5~7단까지 떠주세요.

11 8단부터는 코 줄이기입니다.

12 완성된 모습입니다.

꽃사슴 수세미 도안

몸통

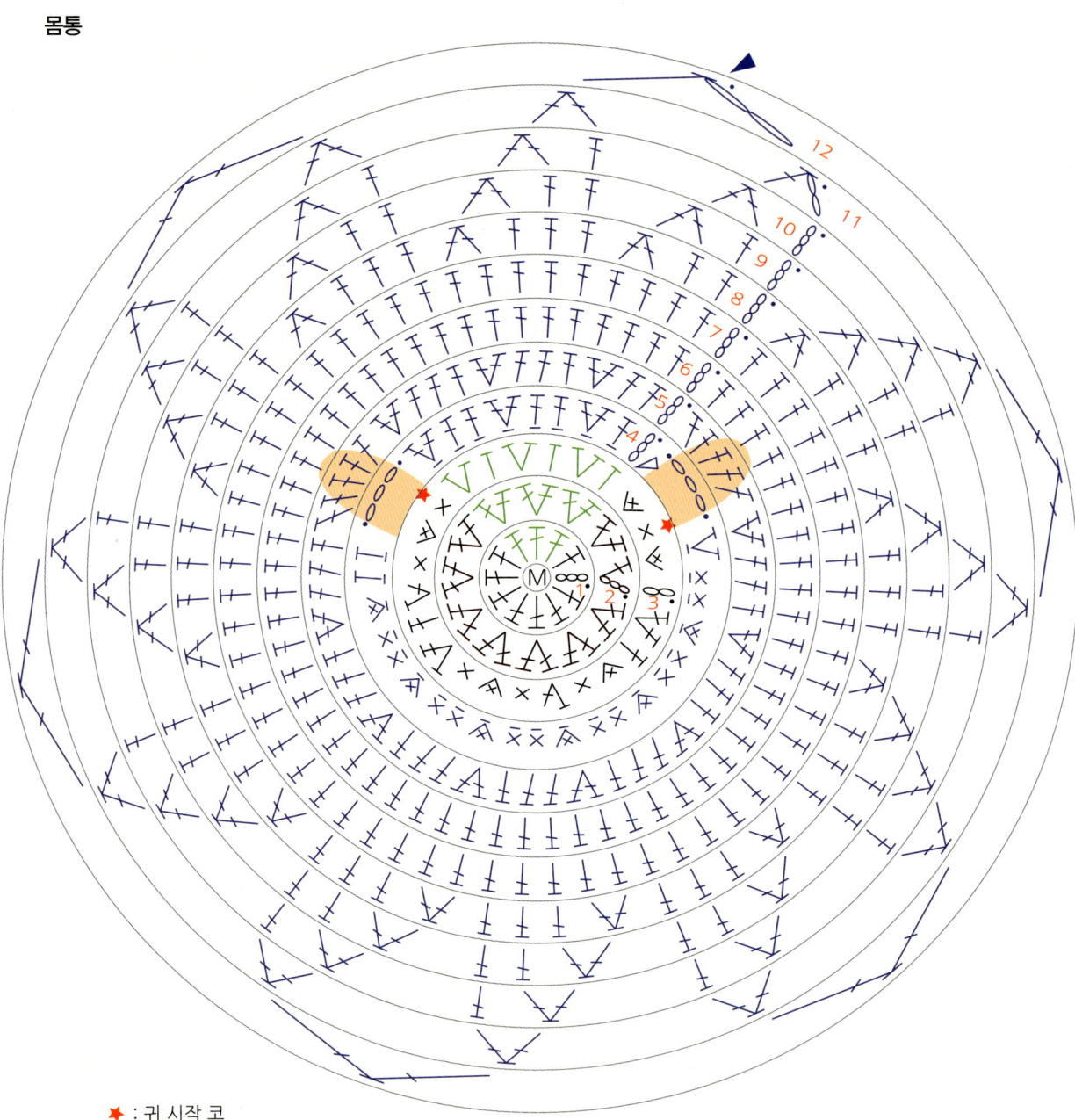

★ : 귀 시작 코

귀

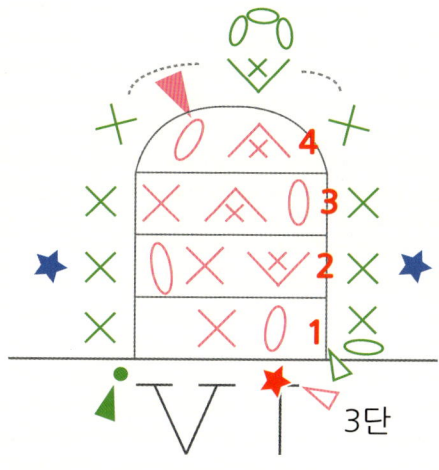

★ 4단의 빼뜨기 위치

얼굴 스티치

★ 꽃 위치

8 햄스떡 수세미

DISH SPONGE

조랭이떡인 줄 알았죠? 사실은 귀염둥이 햄스떡이에요.

Preparation

- **사용실** | 개나리색, 진노란색, 아이보리색
- **사용바늘** | 모사용 5/0호 코바늘
- **자수실** | 아크릴 검은색
- **완성 사이즈** | 가로 8cm, 세로 10cm

How to make

01 개나리색으로 2단까지 뜬 뒤, 3단부터는 중간에 아이보리색으로 햄스떡의 배를 떠주세요.

02 5단까지 떠준 모습입니다.

03 6단의 아이보리색 코는 한길긴뜨기 이랑뜨기로 떠주세요.

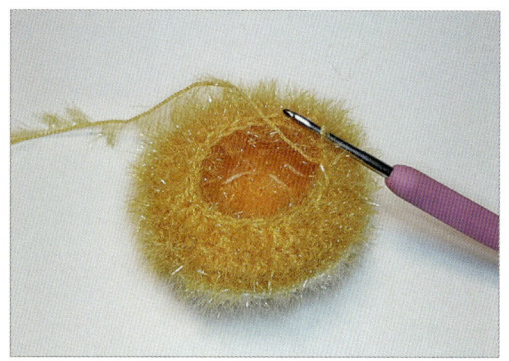

04 7단부터 코 줄이기 포함하여 8단까지 떠주세요.

How to make

05 9단에서 다시 코 늘리기가 들어갑니다.

06 도안을 참고하여 13단까지 떠주세요. 진노란색의 얼굴 무늬가 들어가는 걸 확인하면서 떠주세요.

07 몸통 2 도안의 얼굴 스티치 위치를 참고하여 얼굴 스티치를 해주세요.

08 13단의 귀 직전 위치까지 떠주세요.

How to make

09 귀 도안을 참고하여 귀 1을 떠주세요.

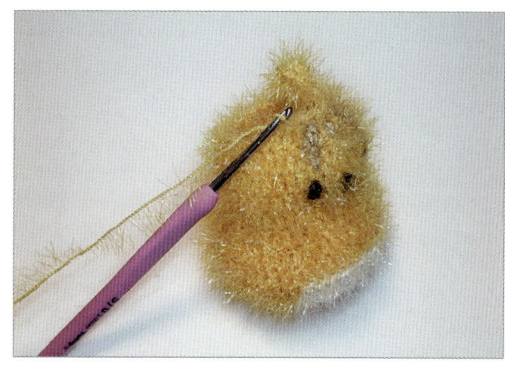

10 계속 뜨다가 오른쪽 귀 위치에 귀 2를 떠주세요.

11 14단까지 뜬 후 마무리해주세요.

TIP

인형용 실로 떠서 솜을 넣어주면 햄스떡 인형을 만들 수 있습니다.

햄스떡 수세미 도안

귀

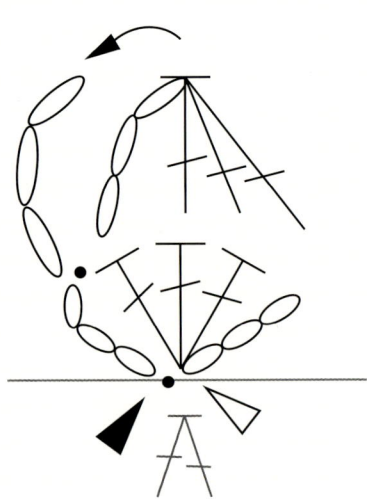

몸통 1

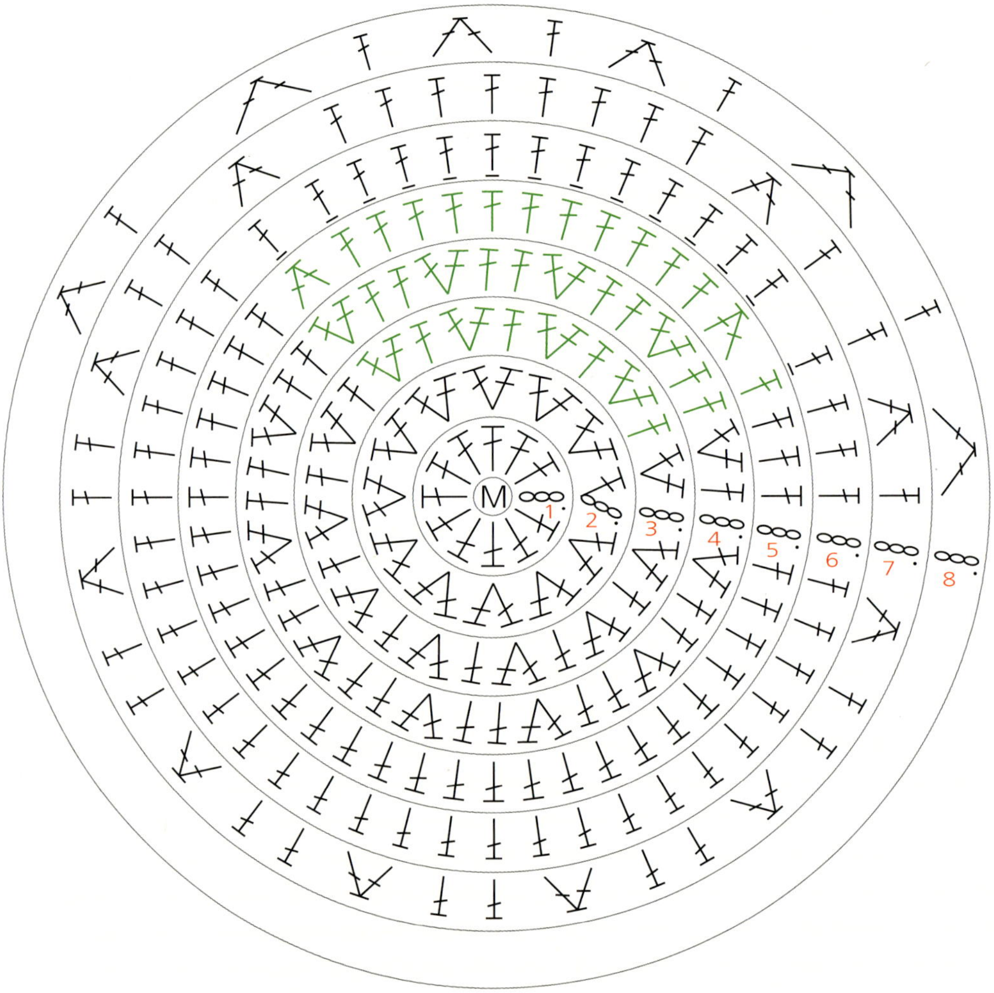

몸통 2

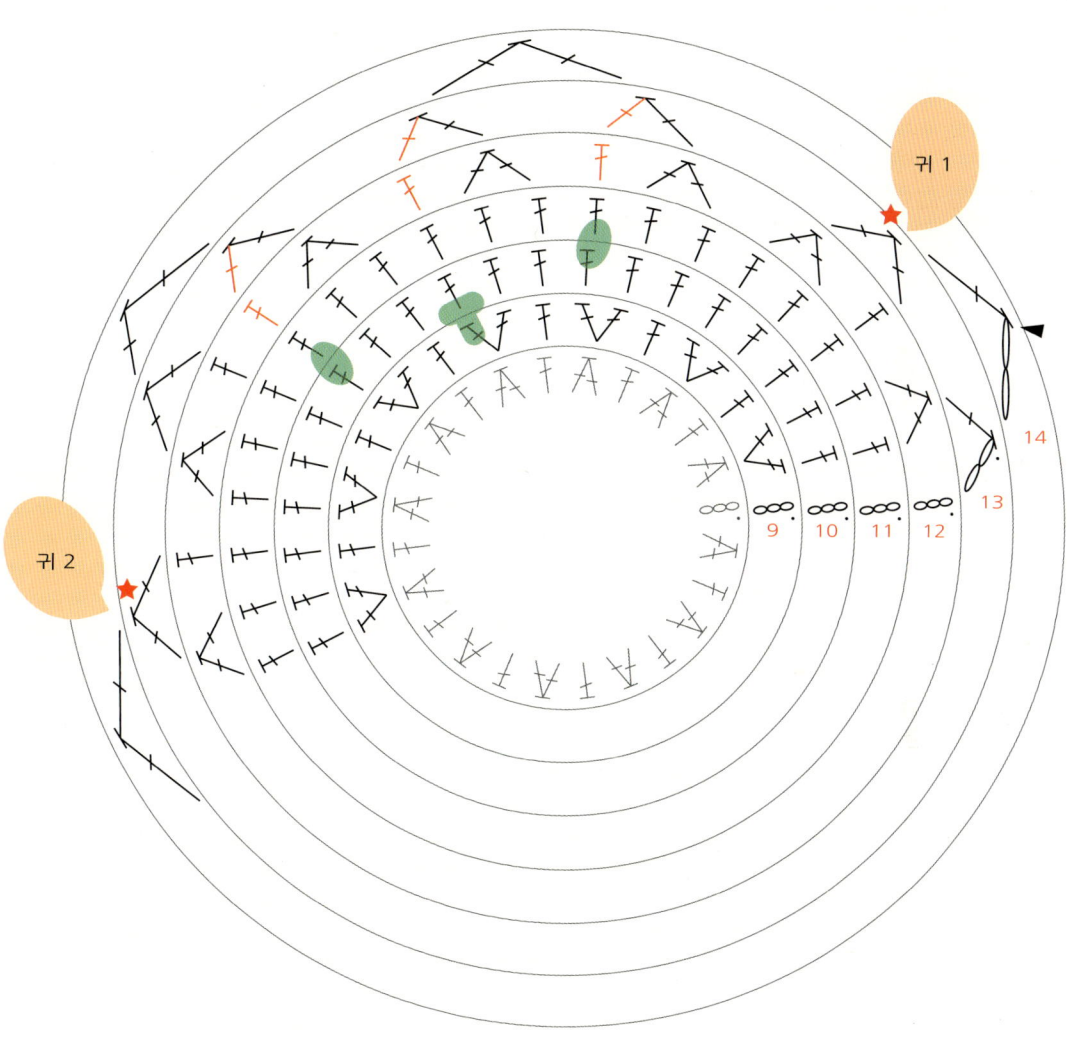

DISH SPONGE

9
아기 고양이 수세미

아기였을 때는 어떤 동물이든 모두 귀여워요! 특히 아기 고양이의 깜찍함은 최강인 것 같아요.

Preparation

- **사용실** | 연노란색, 노란색, 흰색, 하늘색
- **사용바늘** | 모사용 5/0호 코바늘
- **자수실** | 아크릴 검은색, 아크릴 빨간색
- **완성 사이즈** | 지름 8.5cm

How to make

01. 연노란색으로 도안을 참고하여 4단까지 떠주세요.

02. 5단은 하늘색으로 색을 바꿔서 귀 시작 전까지 떠주세요. [빨강 별 위치 참고]

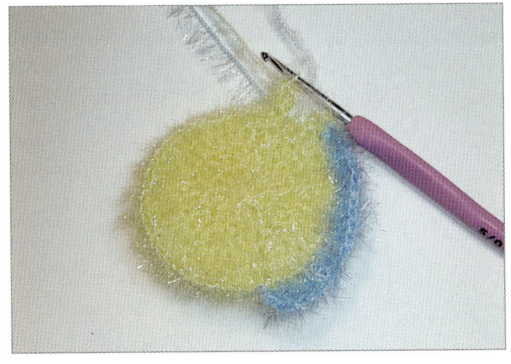

03. 고양이 전체 도안을 참고하여 색을 바꿔가며 5단의 귀를 떠주세요.

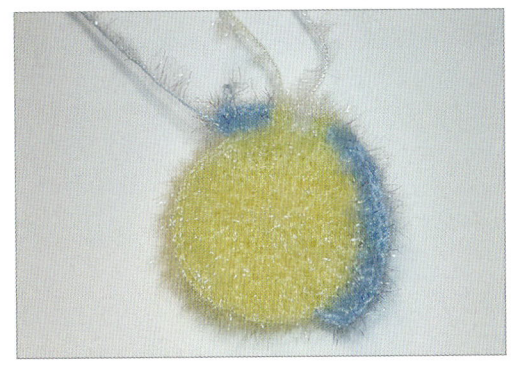

04. 하늘색으로 다시 바꿔서 한길긴뜨기 이랑뜨기 3코까지 떠주고, 다시 귀로 되돌아갑니다.

How to make

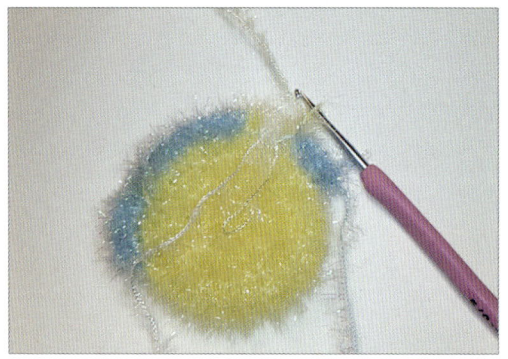

05 편물을 돌려서 귀 6~7단 도안을 참고하여 귀의 6단을 떠주세요. 팁의 기호를 확인하여 한길긴뜨기 앞이랑뜨기로 떠주세요.

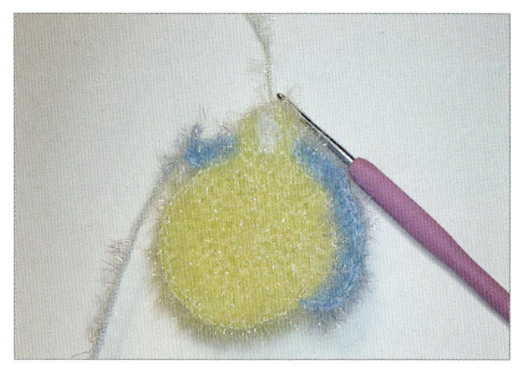

06 귀 6단을 뜬 후 다시 편물을 돌려서 귀 7단까지 떠주면 귀가 완성입니다.

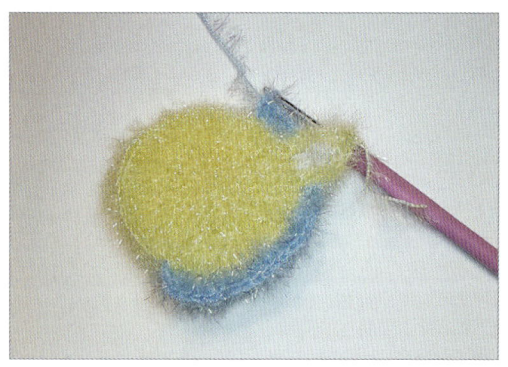

07 다시 과정 4에서 뜨다 멈춘 곳으로 돌아가서 떠주세요.

08 오른쪽 귀도 과정 5~6과 같은 방법으로 떠주세요.

09 5단까지 뜬 모습입니다.

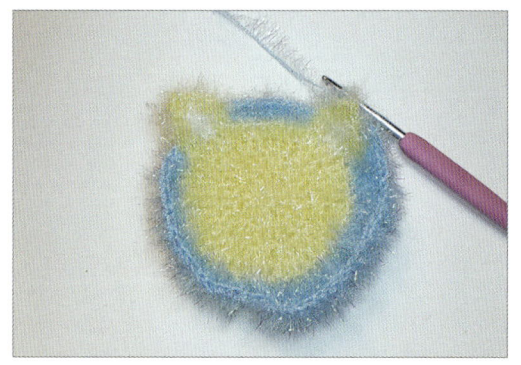

10 6단을 뜨다가 귀를 만나면, 귀 6단에서 앞이랑뜨기로 떠준 5단의 코에 한길긴뜨기 뒤이랑뜨기로 5코 떠주세요. [결과적으로 5단의 귀에는 앞, 뒤 이랑 모두 떠줍니다.]

How to make

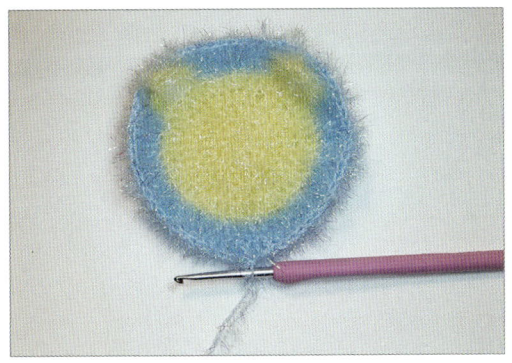

⑪ 6단까지 뜬 모습입니다.

⑫ 얼굴 스티치 도안을 참고하여 얼굴 스티치를 해주세요.

⑬ 8단부터는 코 줄이기입니다.

⑭ 완성된 모습입니다.

TIP

- 얼굴 스티치는 아크릴 실로 해야 예쁘지만 줄무늬는 폴리 수세미 실로 해도 괜찮습니다.
- 아기 고양이 수세미에서는 일반적으로 쓰이는 '한길긴뜨기 이랑뜨기'가 '한길긴뜨기 앞이랑뜨기'로 되어 있습니다. 도안과 함께 그려진 기호를 참고해주세요.

아기 고양이 수세미 도안

얼굴 스티치

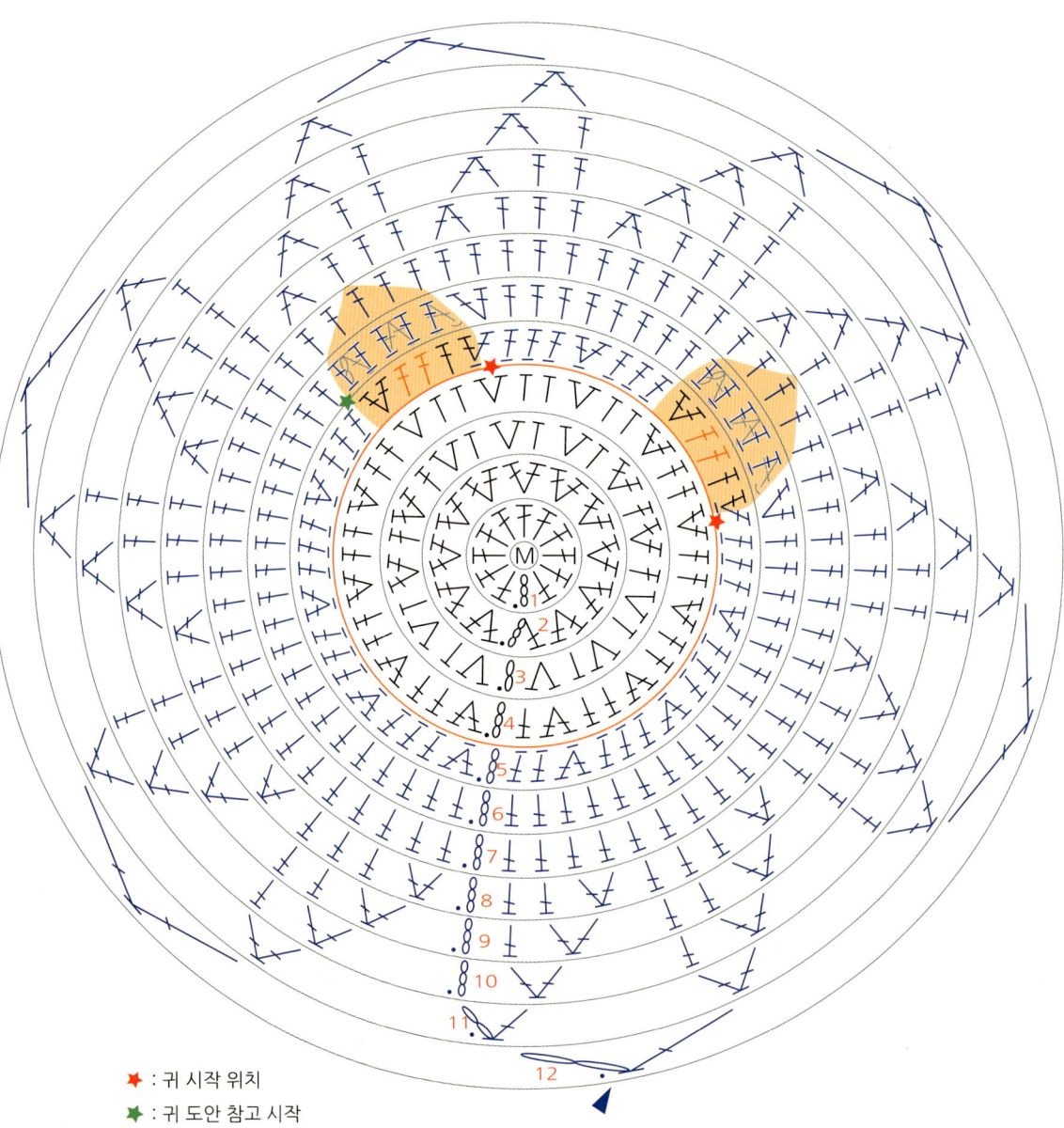

★ : 귀 시작 위치
★ : 귀 도안 참고 시작

귀 6~7단

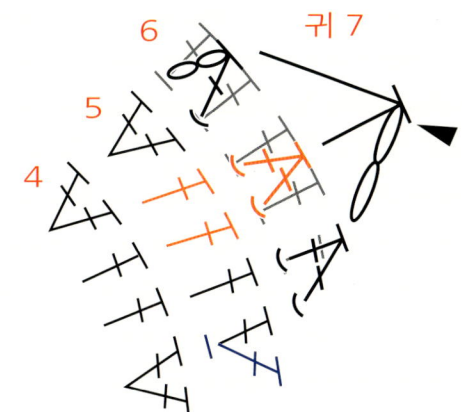

╅ 한길긴뜨기 앞이랑뜨기

╈ 한길긴뜨기 뒤이랑뜨기

얼굴 스티치

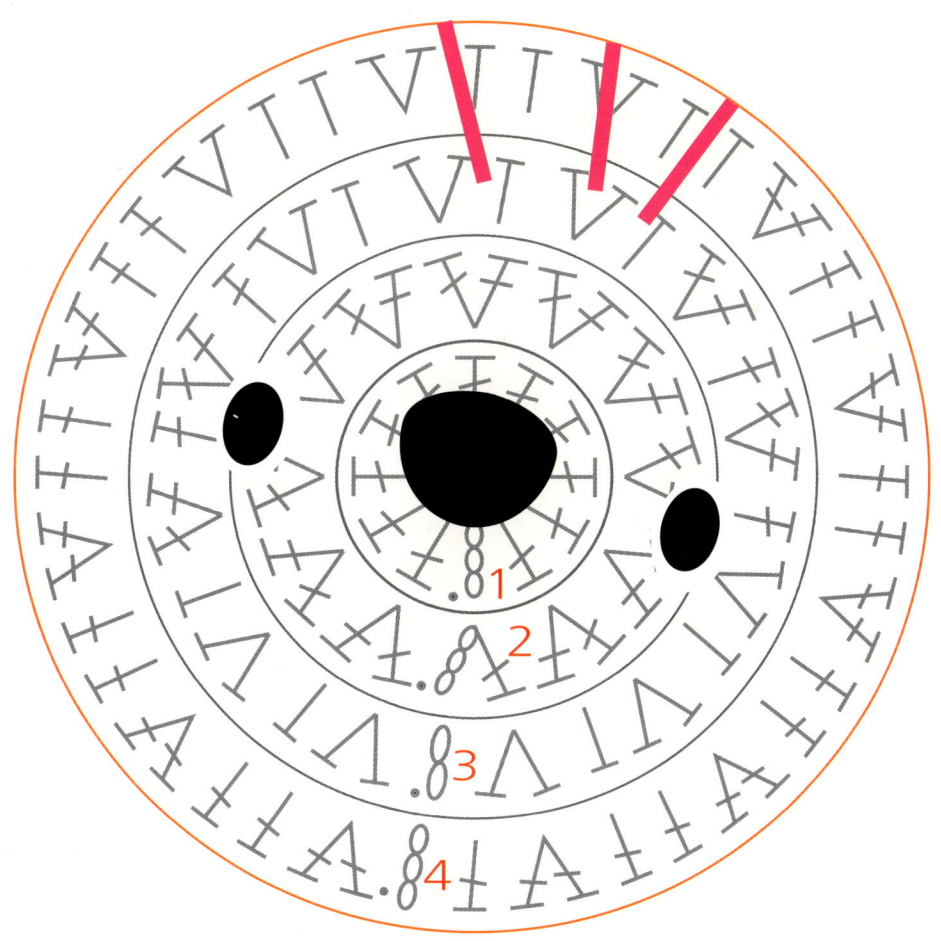

PART 3

뜨개를 통해 소소한 행복을
전하고 싶은 작가
정지은

연일 디자이너스PRO 회원

정새댁 작은공방 운영

연일 수세미 디자인북 참여

니뜨 입점 디자이너

https://blog.naver.com/jestory7/

· DISH SPONGE ·

1
네모동물 수세미

간단하지만 귀여운 네모동물은 보기만 해도 행복해요!

Preparation

- **사용실** | 곰(갈색, 흰색), 토끼(분홍색, 빨간색)
- **사용바늘** | 모사용 5/0호 코바늘
- **자수실** | 아크릴 검은색
- **완성 사이즈** | 가로 11cm, 세로 12cm

How to make

01 사슬을 20개 떠줍니다.

02 1단은 도안과 같이 1코에 한길긴뜨기를 1코씩 떠주되 양끝 부분은 한길긴뜨기 2코 늘려뜨기를 한 후 빼뜨기를 해줍니다.

03 2~10단은 증감 없이 한길긴뜨기를 42회 한 후 빼뜨기를 해줍니다.

04 11단은 도안과 같이 1코에 한길긴뜨기를 1코씩 떠주되 양끝 부분은 한길긴뜨기 2코 모아뜨기를 한 후 빼뜨기를 해줍니다.

How to make

05 12단은 전체 빼뜨기로 둘러주고, 엄지손가락에 맞춰 사슬을 12~15개 정도 떠서 고리를 만들어줍니다.

06 수세미를 잡고 사슬부분에 바늘을 걸어 곰돌이 귀를 시작합니다. 흰색 실로 한길긴뜨기 7개를 뜬 후 빼뜨기를 해줍니다. 이때 기둥코는 세우지 않습니다.

07 빼뜨기를 할 때 곰돌이 몸통실로 실을 바꾸어줍니다.

08 짧은뜨기 2코 늘려뜨기를 7번 한 후 빼뜨기하여 귀를 고정시켜줍니다.

09 대칭이 되는 위치에 귀를 하나 떠 만들어줍니다.

10 검은색 아크릴 실로 곰 표정을 수놓아주세요.

How to make

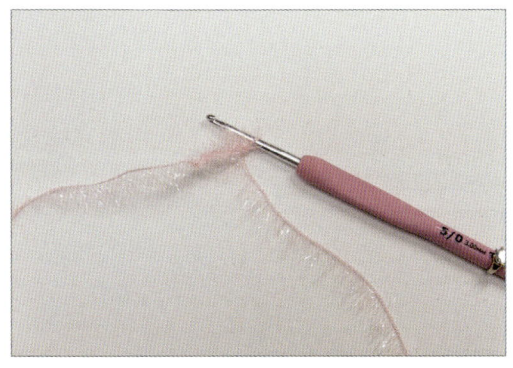

⑪ 토끼 귀를 만들기 위해 사슬 5개를 떠줍니다.

⑫ 도안과 같이 토끼 귀를 떠줍니다.

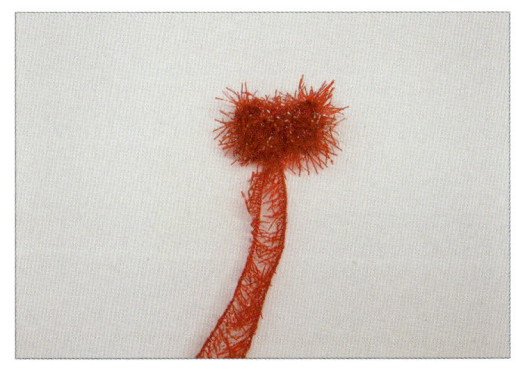

⑬ 매직링에 리본 도안과 같이 리본을 떠둔 후 실을 길게 끊어 가운데를 감아 리본 모양을 만들어줍니다.

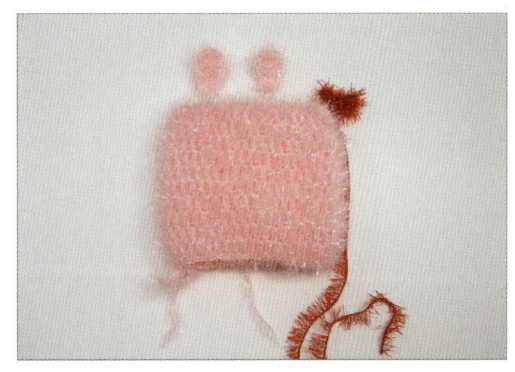

⑭ 토끼 베이스를 떠서 토끼 귀 2개, 리본 1개를 돗바늘로 고정해줍니다.

⑮ 검은색 아크릴 실로 토끼 표정을 수놓아주세요.

TIP

- 네모동물은 곰과 토끼의 베이스 도안은 동일합니다.
- 사슬부분은 엄지손가락을 끼우는 부분입니다. 자신의 손에 맞게 사슬길이를 조정하여 뜹니다.
- 스티치 방향을 달리하면 왼손잡이에 맞게 수세미를 만들 수 있습니다.
- 스티치는 면사로도 대체 가능합니다.

네모동물 수세미 도안

베이스

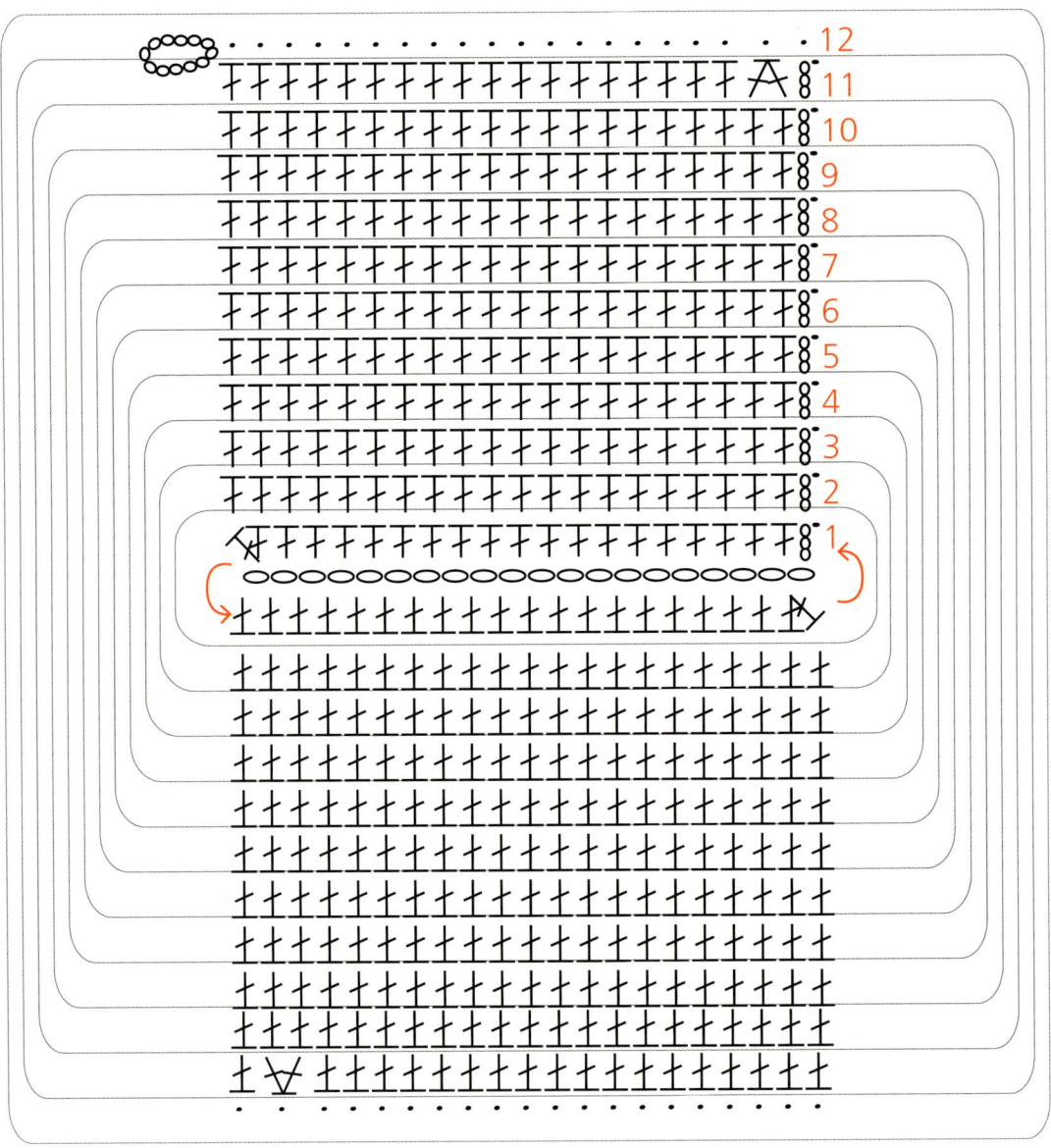

곰돌이 스티치

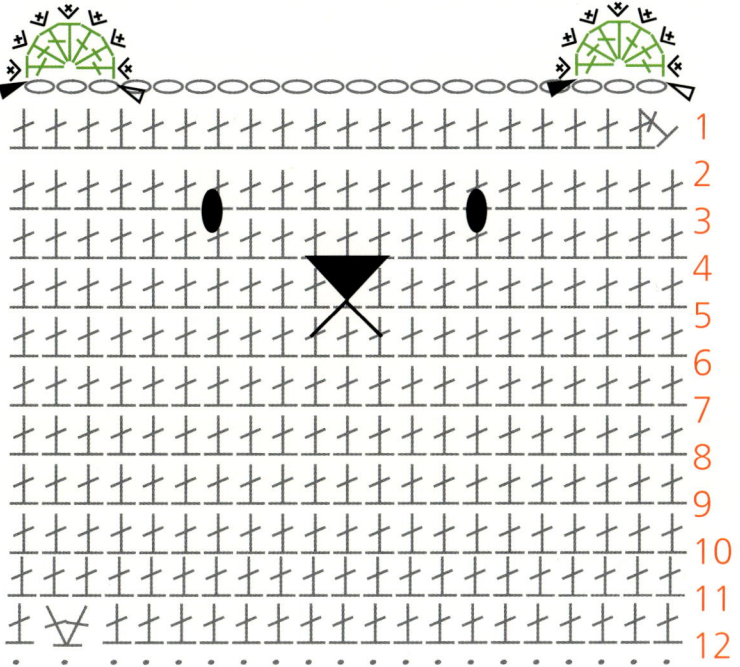

곰돌이 귀

토끼 귀

토끼 리본

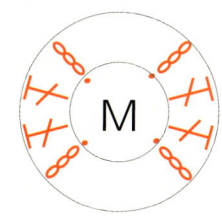

토끼 스티치

2
DISH SPONGE

동물농장 병솔

주방이 동물농장이 되는 시간이에요. 옹기종기 모여 있는 모습만으로도 흐뭇합니다.

Preparation

- **사용실** | 곰돌이(갈색, 흰색), 삐약이(노란색, 주황색, 분홍색), 꼬꼬(흰색, 주황색, 빨간색)
- **자수실** | 아크릴 검은색
- **사용바늘** | 모사용 5/0호 코바늘
- **완성 사이즈** | 가로 6cm, 세로 7cm

How to make

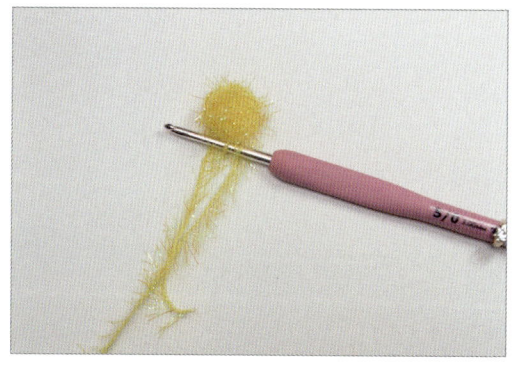

01 매직링에 긴뜨기 10개를 뜬 후 빼뜨기하여 원형으로 만들어줍니다.

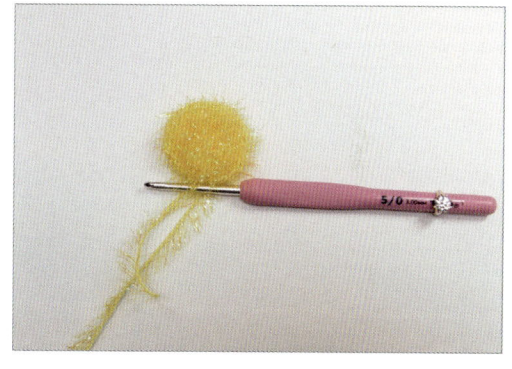

02 2단은 긴뜨기 2코 늘려뜨기를 10회 한 후 빼뜨기하여 원형으로 만들어줍니다.

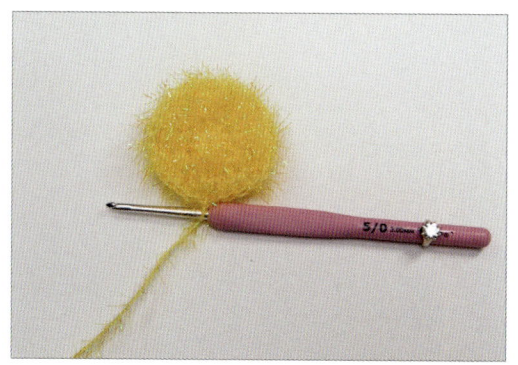

03 3단은 [긴뜨기 1개, 긴뜨기 2코 늘려뜨기]를 10회 한 후 빼뜨기하여 원형으로 만들어줍니다.

04 4~8단은 증감 없이 긴뜨기를 30개 뜬 후 빼뜨기하여 원형으로 만들어줍니다.

How to make

05   9단은 [한길긴뜨기 1개, 한길긴뜨기 2코 모아뜨기]를 10회 한 후 빼뜨기하여 원형으로 만들어줍니다.

06   편물을 6단에서 위아래로 접어 잡고 6단과 7단의 경계에 바늘을 넣고, 부리 실을 이어줍니다.

07   긴뜨기 3개, 사슬 2개, 긴뜨기 3개 후 빼뜨기로 고정하여 부리를 만들어줍니다.

08   눈과 볼터치를 수놓아주세요.

09   편물과 병솔을 준비해줍니다.

10   편물에 병솔을 넣고 한길긴뜨기 2코 모아뜨기를 10회 한 후 빼뜨기하여 원형으로 만들어줍니다.

How to make

11 돗바늘로 오므려주고, 매듭지어 병솔에 편물을 고정시켜줍니다.

12 삐약이 편물 1단에 바늘을 넣고, 실을 매듭지어 깃털을 만들어주세요.

13 깃털을 적당한 길이로 잘라주고 실을 정리해주면 삐약이 병솔 완성입니다.

14 꼬꼬베이스의 편물을 반으로 접어 2단 기둥에 벼슬 실을 이어줍니다.

15 1~2단 기둥에 벼슬을 만들어줍니다.

16 눈을 수놓은 후 10단을 떠주면 꼬꼬병솔 완성입니다.

How to make

17   곰돌이 베이스의 편물을 반으로 접어 3~4단 경계에 바늘을 넣고, 새 실을 이어줍니다. 한 길긴뜨기 7개 후 1~2단 경계에 빼뜨기하여 귀를 만들어줍니다.

18   대칭되게 왼쪽 귀도 만들어줍니다.

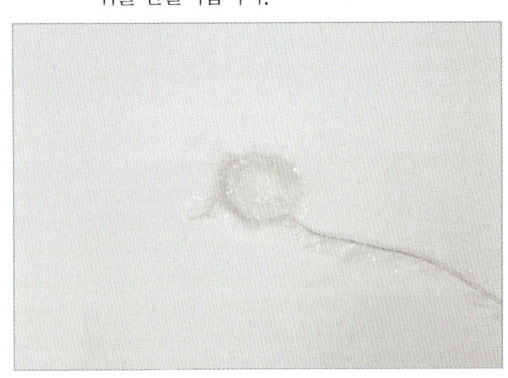

19   곰돌이 얼굴실로 매직링에 한길긴뜨기 12개를 뜬 후 빼뜨기하여 원형으로 만들어줍니다.

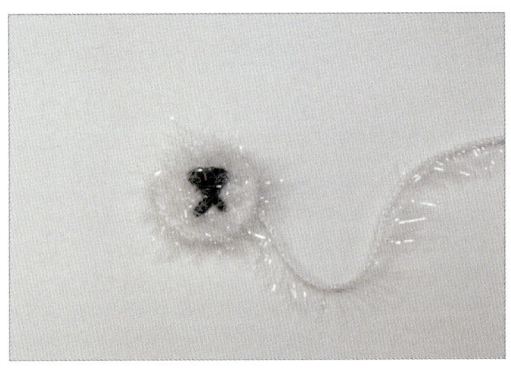

20   아크릴 실로 코와 입을 수놓아주세요.

21   돗바늘로 얼굴을 곰돌이병솔 베이스에 고정시켜줍니다.

22   눈을 수놓은 후 10단을 떠주면 곰돌이 병솔이 완성됩니다.

동물농장 병솔 도안

병솔 베이스

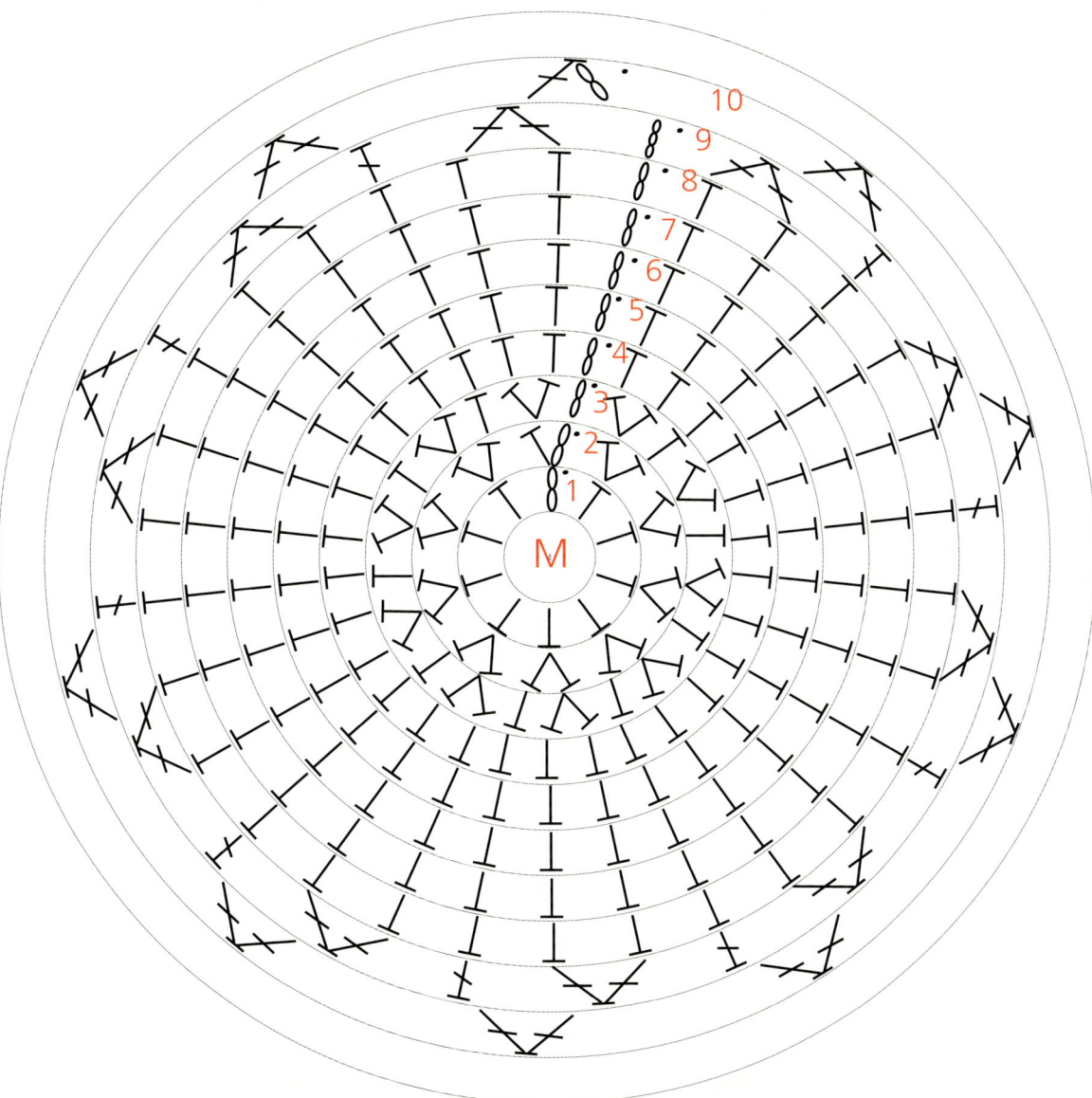

TIP

- 동물농장병솔 베이스 도안은 모두 동일합니다.
- 베이스를 연한 실로 만들면 병솔이 비칠 수 있으니 연한 색 병솔을 사용해주세요.
- 삐약이는 볼터치를 해주면 더욱 귀여워집니다.
- 병솔 마감 시 돗바늘로 여러 번 매듭지어 단단히 고정해주세요.

곰돌이 얼굴

곰돌이 귀

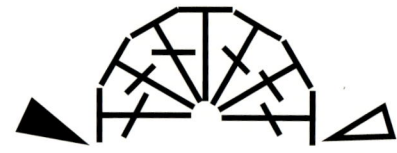

부리

꼬꼬 벼슬

곰돌이 얼굴

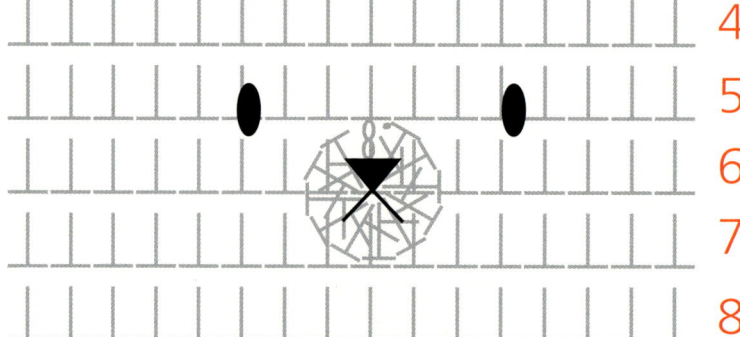

곰돌이 귀

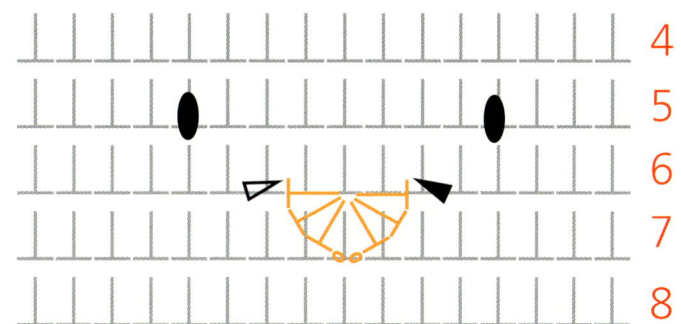

꼬꼬 삐약이 스티치

꼬꼬 벼슬

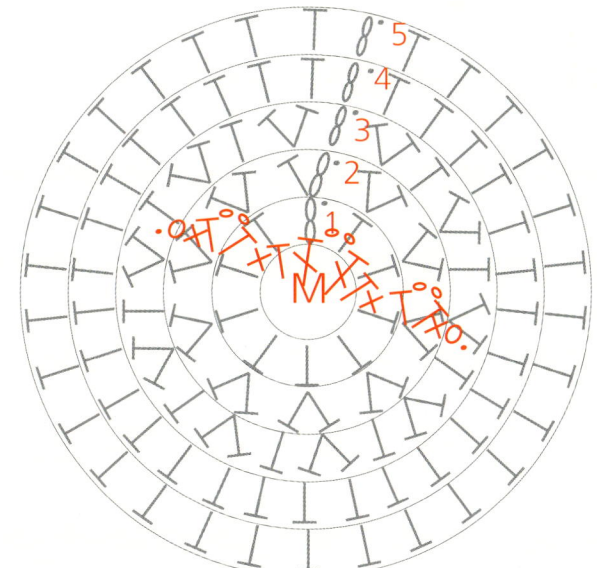

Preparation

- ♦ **사용실** | 골드오렌지색, 초록색
- ♦ **사용바늘** | 모사용 5/0호 코바늘
- ♦ **완성 사이즈** | 지름 9cm, 높이 11cm

How to make

01 매직링에 한길긴뜨기 12회를 한 후 빼뜨기하여 원형으로 만들어줍니다.

02 한길긴뜨기 2코 늘리기 12회 한 후 빼뜨기하여 만들어줍니다.

03 3단은 뒤이랑뜨기로 [한길긴뜨기 1개, 한길긴뜨기 2코 늘려뜨기]를 12회 한 후 빼뜨기하여 원형으로 만들어줍니다.

04 4단은 [한길긴뜨기 2개, 한길긴뜨기 2코 늘려뜨기]를 12회 한 후 빼뜨기하여 원형으로 만들어줍니다.

How to make

05   5~8단까지 증감 없이 한길긴뜨기 48개를 한 후 빼뜨기하여 원형으로 만들어줍니다.

06   9단은 [한길긴뜨기 2개, 한길긴뜨기 2코 모아뜨기]를 12회 한 후 빼뜨기하여 원형으로 만들어줍니다.

07   10단은 [한길긴뜨기 1개, 한길긴뜨기 2코 모아뜨기]를 12회 한 후 빼뜨기하여 원형으로 만들어줍니다.

08   11단은 한길긴뜨기 2코 모아뜨기를 12회 한 후 빼뜨기하여 원형으로 만들어줍니다.

09   12단은 [두길긴뜨기 4코 팝콘뜨기, 사슬뜨기]를 6회 한 후 빼뜨기하여 원형으로 만들어줍니다. 이때 팝콘뜨기는 홀수 코에만 떠줍니다.

10   13단은 12단의 사슬에만 짧은뜨기를 6회 한 후 빼뜨기하여 원형으로 만들어줍니다. 실을 길게 끊어 돗바늘로 오므려준 뒤 실 정리를 해줍니다.

How to make

⑪ 이파리 실로 매직링에 한길긴뜨기 6개, 사슬 3개, 한길긴뜨기 6개를 떠준 뒤 빼뜨기하여 원형으로 만들어줍니다.

⑫ 짧은뜨기 2코 늘려뜨기 6회, 사슬에 긴뜨기 2개, 사슬 2개, 긴뜨기 2개, 짧은뜨기 2코 늘려뜨기를 6회 한 후 빼뜨기하여 원형으로 만들어줍니다.

⑬ 라봉이 꼭지 부분에 이파리를 빼뜨기하여 고정시킨 후 사슬을 10개 정도 떠서 고리를 만들어줍니다.

⑭ 아랫부분의 이랑뜨기 부분은 손으로 넣어 오목하게 만들어줍니다.

⑮ 남은 실들을 정리해주면 라봉이세미가 완성됩니다.

TIP

입체 수세미는 심지가 두꺼운 실로 만들면 모양이 더 잘 잡힙니다.

라봉이세미 도안

이파리

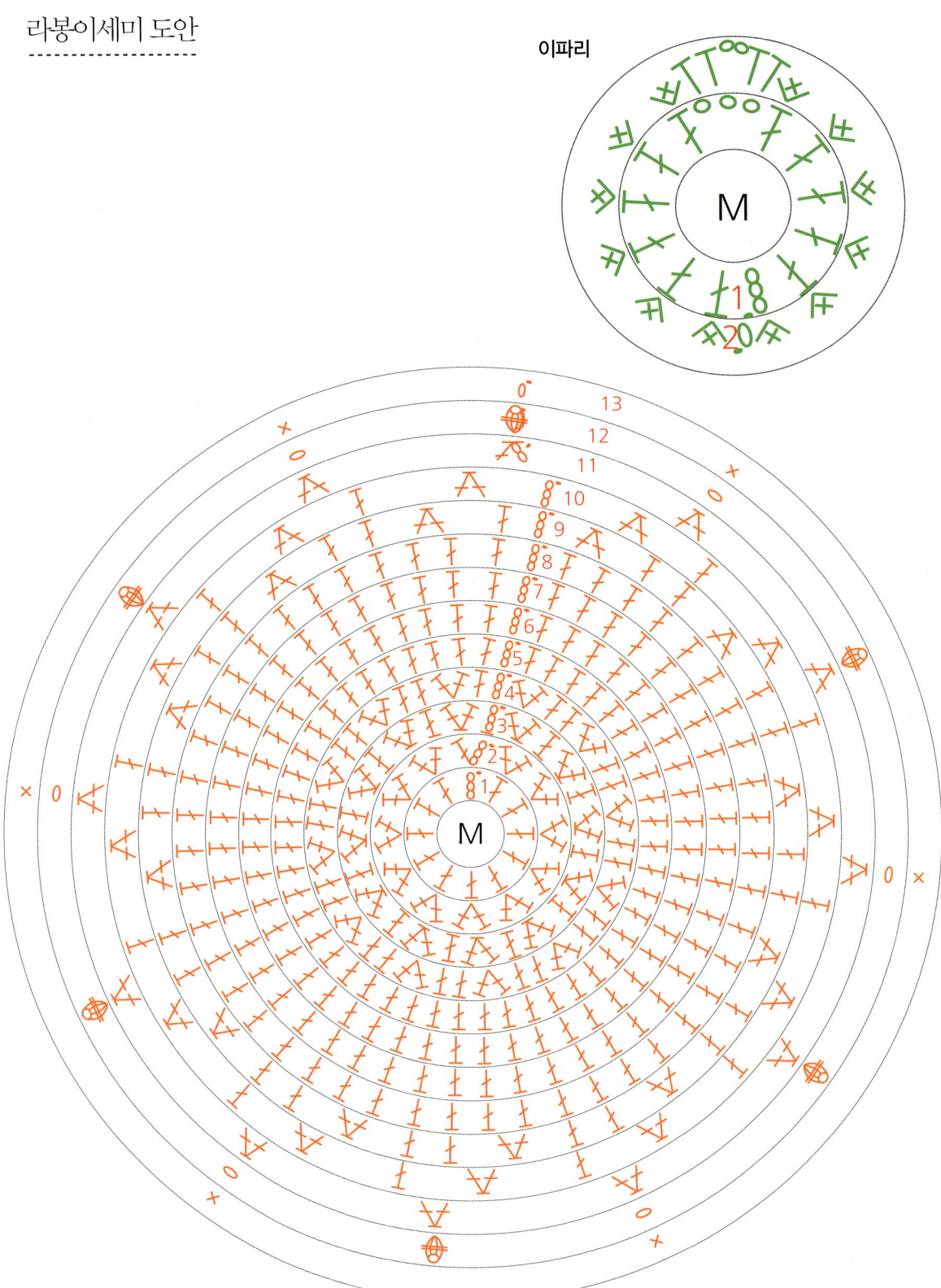

라봉이 오너먼트

Preparation

- **사용실** | 골드오렌지색, 초록색
- **사용바늘** | 모사용 3/0호 코바늘
- **완성 사이즈** | 지름 6cm, 높이 8cm

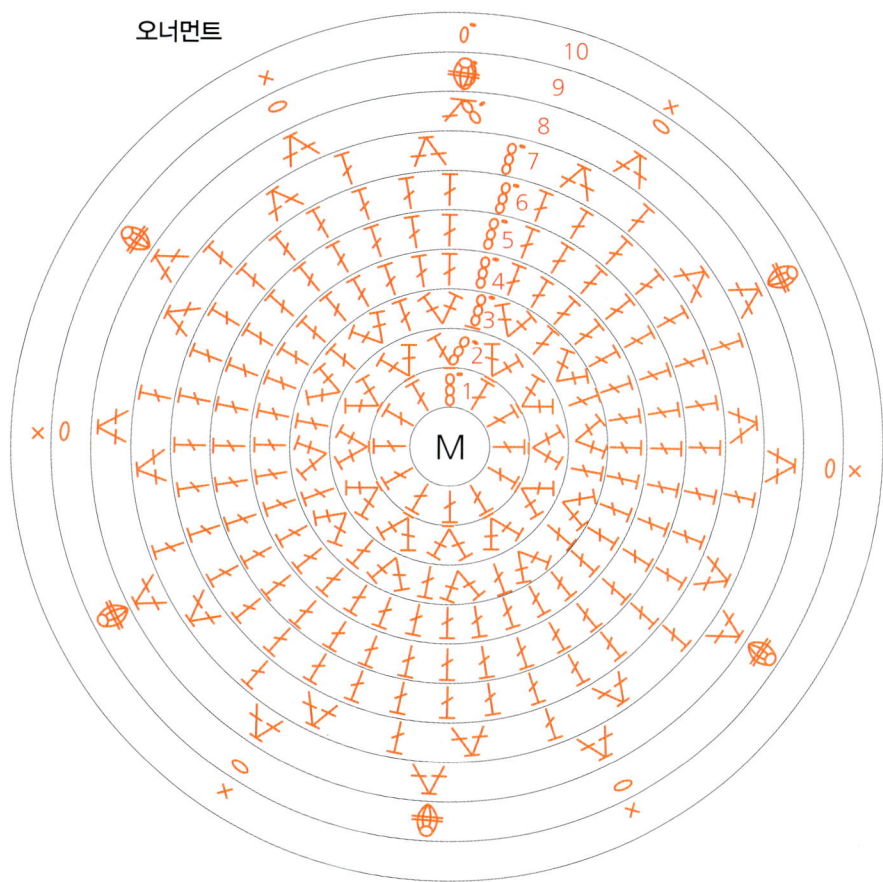

오너먼트

이파리고리

TIP
- 오너먼트는 열쇠고리나 가방 등에 달아주면 예쁜 장식이 됩니다.
- 이파리 또는 전체를 일반실로 떠주어도 예쁩니다.

라봉이 병솔

Preparation

- **사용실** | 골드오렌지, 초록색
- **사용바늘** | 모사용 5/0호 코바늘
- **완성 사이즈** | 지름 8cm, 높이 10cm

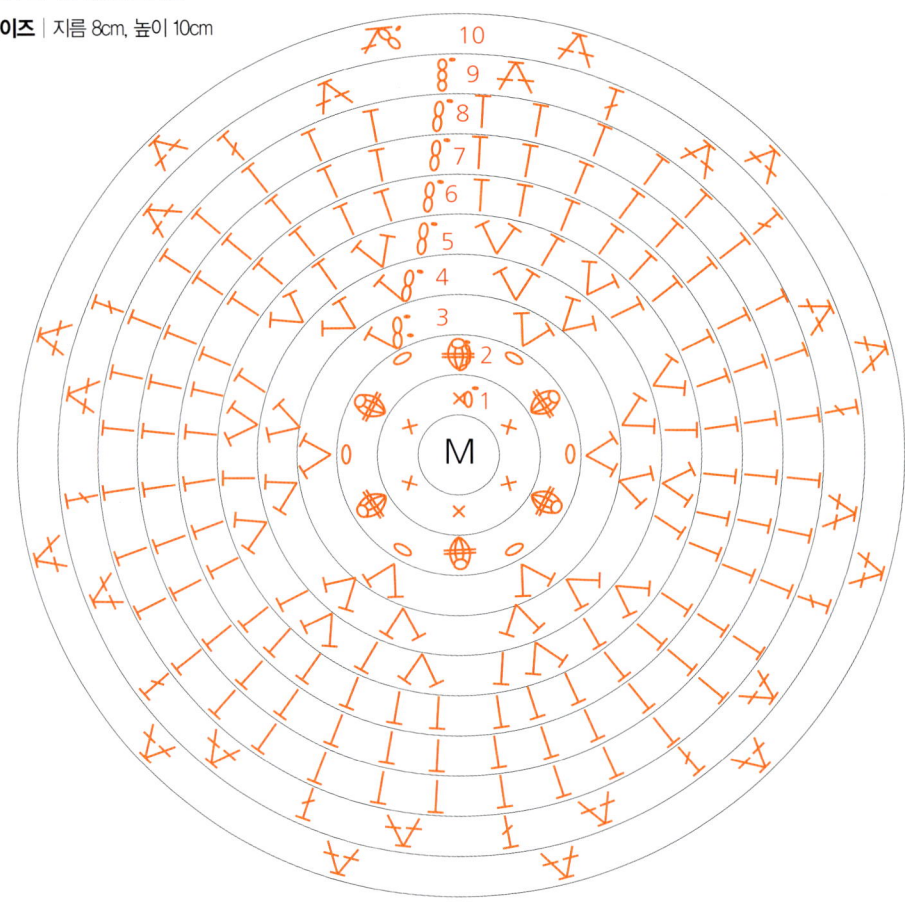

TIP
- 이파리는 오너먼트와 동일합니다.
- 병솔은 마무리할 때 돗바늘로 단단히 고정해야 사용 시 분리되지 않습니다.

How to make

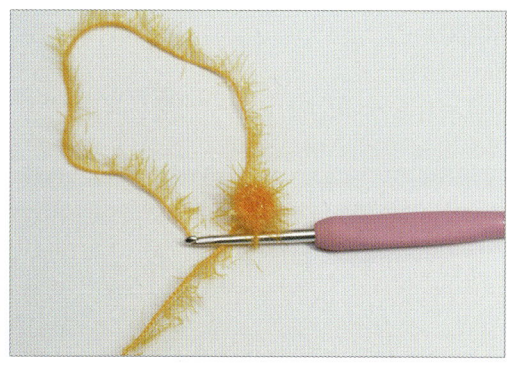

① 매직링에 짧은뜨기 6개를 한 후 빼뜨기하여 원형으로 만들어줍니다. 시작실을 충분히 길게(20cm 정도) 잡아주세요.

② 2단은 [두길긴뜨기 4코 팝콘뜨기, 사슬뜨기]를 6회 한 후 빼뜨기하여 원형으로 만들어줍니다. 이때 팝콘뜨기는 코마다 해줍니다.

③ 3단은 2단의 사슬에 긴뜨기 2코 늘려뜨기를 6회 한 후 빼뜨기하여 원형으로 만들어줍니다.

④ 4단은 긴뜨기 2코 늘려뜨기를 12회 한 후 빼뜨기하여 원형으로 만들어줍니다.

⑤ 5단은 [긴뜨기 1개, 긴뜨기 2코 늘려뜨기]를 12회 한 후 빼뜨기하여 원형으로 만들어줍니다.

⑥ 6~8단은 증감 없이 긴뜨기 36개를 한 후 빼뜨기하여 원형으로 만들어줍니다.

How to make

07 9단은 [한길긴뜨기 1개, 한길긴뜨기 2코 모아 뜨기]를 12회 한 후 빼뜨기하여 원형으로 만들 어줍니다.

08 처음에 길게 남긴 실을 돗바늘에 꿰어 1단 짧은뜨기 위치에 홈질하듯 꿰맨 뒤 오므려줍니다.

09 이파리를 떠준 후 라봉이 꼭지 부분에 이파리를 빼뜨기하여 고정시킨 후 사슬을 10개 정도 떠서 고리를 만들어줍니다.

10 병솔과 편물을 준비합니다.

11 10단은 병솔을 편물에 넣어준 후 한길긴뜨기 2코 모아뜨기를 12회 반복하여 원형으로 만들 어줍니다.

12 실을 길게 끊어 돗바늘로 구멍을 오므려준 후 단단히 고정시켜주면 완성됩니다.

· DISH SPONGE ·

4
어흥~! 사자세미

어흥, 하고 포효하는 동물의 왕 사자! 사자를 귀엽게 도안으로 옮겨와 수세미를 만들었어요.

Preparation

- **사용실** | 진한 베이지색, 연노란색, 흰색
- **사용바늘** | 모사용 5/0호 코바늘
- **자수실** | 아크릴 검은색
- **완성 사이즈** | 가로 11cm, 세로 11cm

How to make

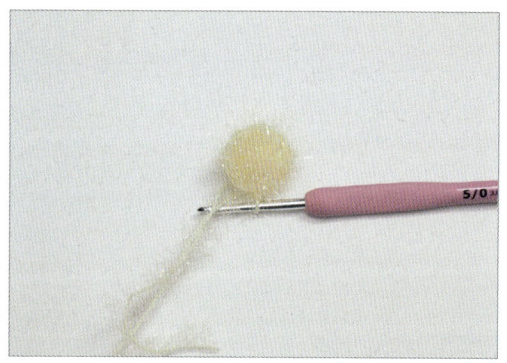

01 매직링에 한길긴뜨기 12개를 한 후 빼뜨기하여 원형으로 만들어줍니다.

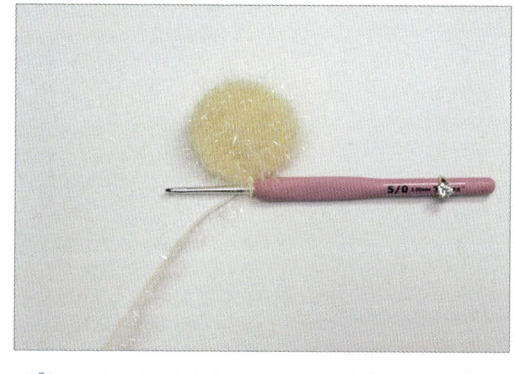

02 2단은 한길긴뜨기 2코 늘리기를 12회 한 후 빼뜨기하여 만들어줍니다.

03 3단은 도안과 같이 짧은뜨기, 긴뜨기, 한길긴뜨기로 얼굴 모양을 만들어줍니다.

04 4단은 도안과 같이 뜨되 두길긴뜨기의 위치에 유의하며 얼굴 모양을 떠줍니다.

How to make

05 5단은 앞이랑뜨기로 뜹니다. 빼뜨기 2번으로 위치를 옮겨준 후 사슬 2개, 미완성 한길긴뜨기를 3코 떠줍니다.

06 다음 코에 미완성 한길긴뜨기 3개를 더 떠주어 바늘에 7개의 실이 걸린 것을 확인한 후 한길긴뜨기 6코 모아뜨기를 해줍니다. 사슬 2개 후 빼뜨기하여 귀 모양을 만들어줍니다.

07 오른쪽 귀와 대칭이 되도록 왼쪽 귀도 만들어 줍니다. 실을 길게 끊어줍니다.

08 6단은 4단의 뒤이랑에 바늘을 넣어 갈기 색으로 이어줍니다.

09 6단은 전체 뒤이랑뜨기로 진행하며, 짧은뜨기의 위치에 유의하며 도안과 같이 떠줍니다.

10 7단은 증감 없이 한길긴뜨기를 60개 한 후 빼뜨기하여 원형으로 만들어줍니다.

How to make

⑪ 길게 끊은 실을 돗바늘에 걸어 귀를 7단에 고정해줍니다.

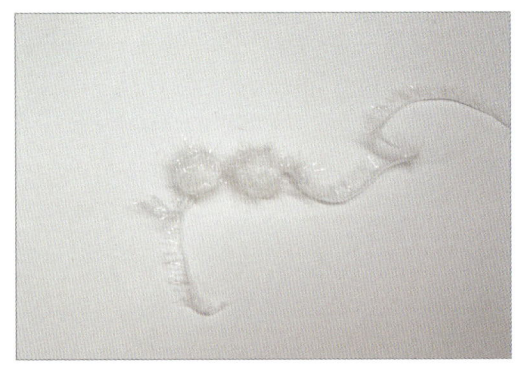

⑫ 콧볼을 2개 떠줍니다.

⑬ 콧볼을 얼굴에 고정하고, 코와 눈을 수놓아주세요.

⑭ 8~11단을 떠 준 후 돗바늘로 오므려주어 마무리합니다.

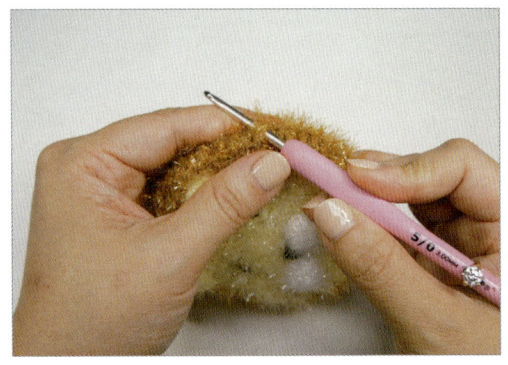

⑮ 12단은 갈기 도안입니다. 7단을 기준으로 편물을 잡은 후 7단 기둥에 갈기를 걸어뜨기로 떠줍니다.

⑯ 기호에 따라 고리를 만들어주고, 실을 숨겨주면 완성입니다.

어흥~! 사자세미 도안

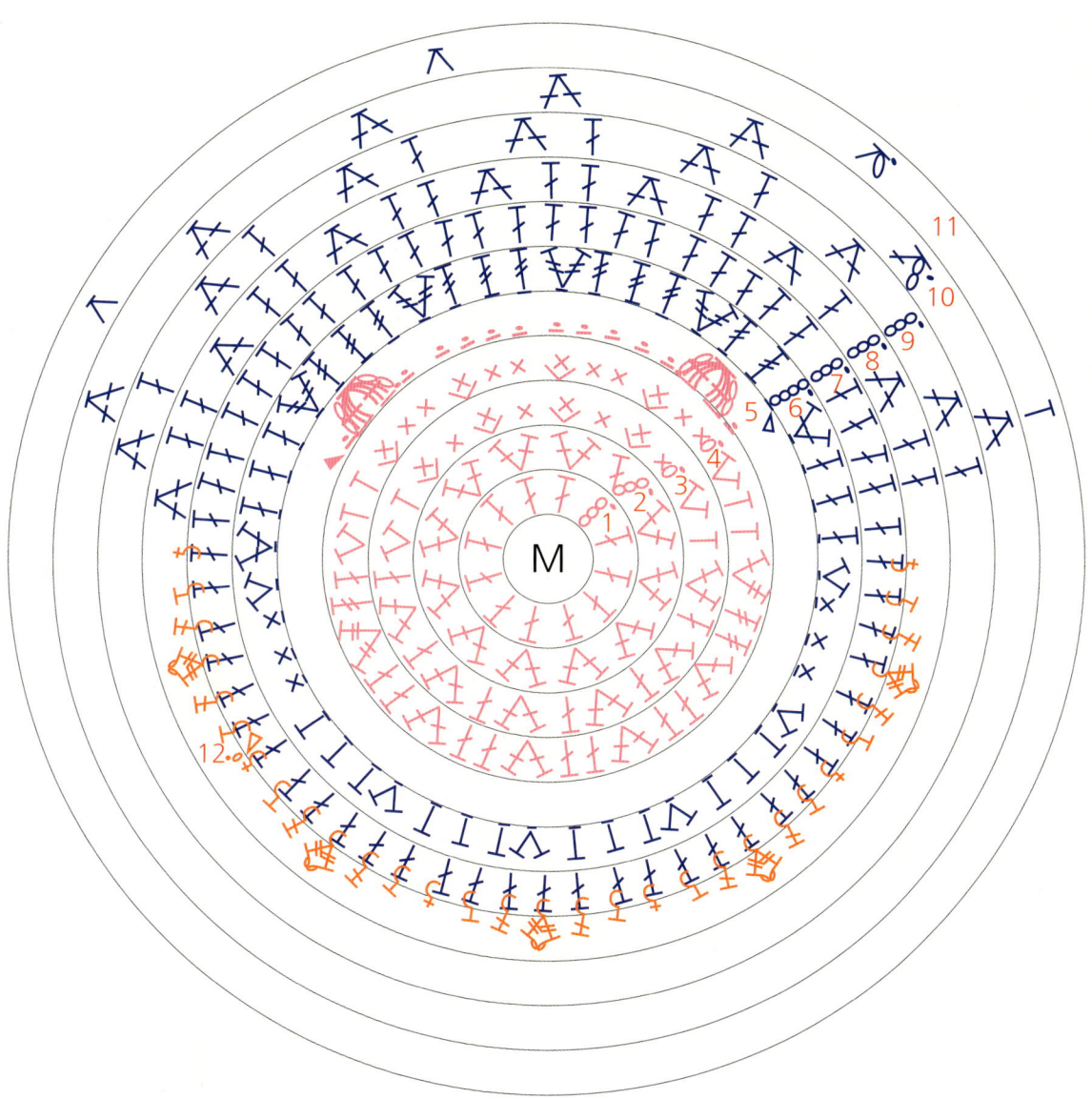

TIP
- 8~11단은 도안 편의상 일부분이 생략되었으나 반복하여 원형으로 만들어주세요.
- 스티치는 면사로 해도 무방합니다.
- 편의상 갈기 도안을 다른 색으로 표시하였으나 같은 색으로 떠주세요.
- 수세미 크기가 크면 바늘을 한 호수 작은 것을 사용하여 만들어보세요.

콧볼

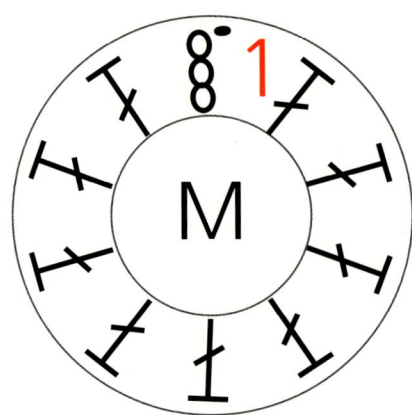

얼굴 스티치

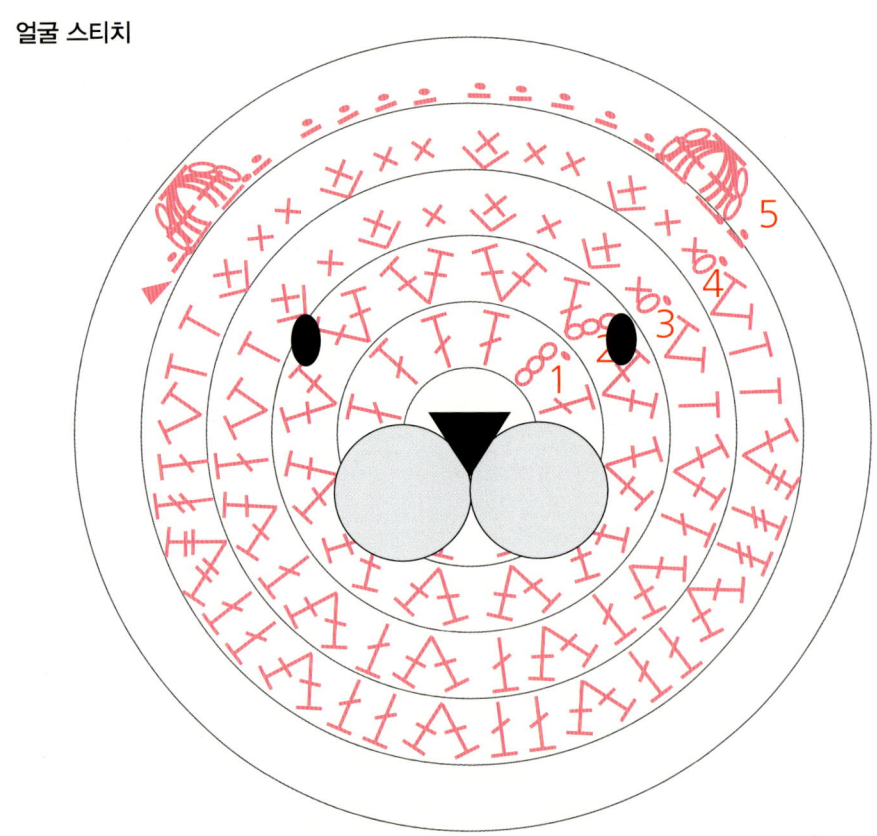

어흥~! 사자세미 오너먼트

Preparation

- **사용실** | 진한 베이지색, 연노란색, 흰색
- **자수실** | 아크릴 검은색
- **사용바늘** | 모사용 4/0호 코바늘
- **완성 사이즈** | 가로 8cm, 세로 8cm

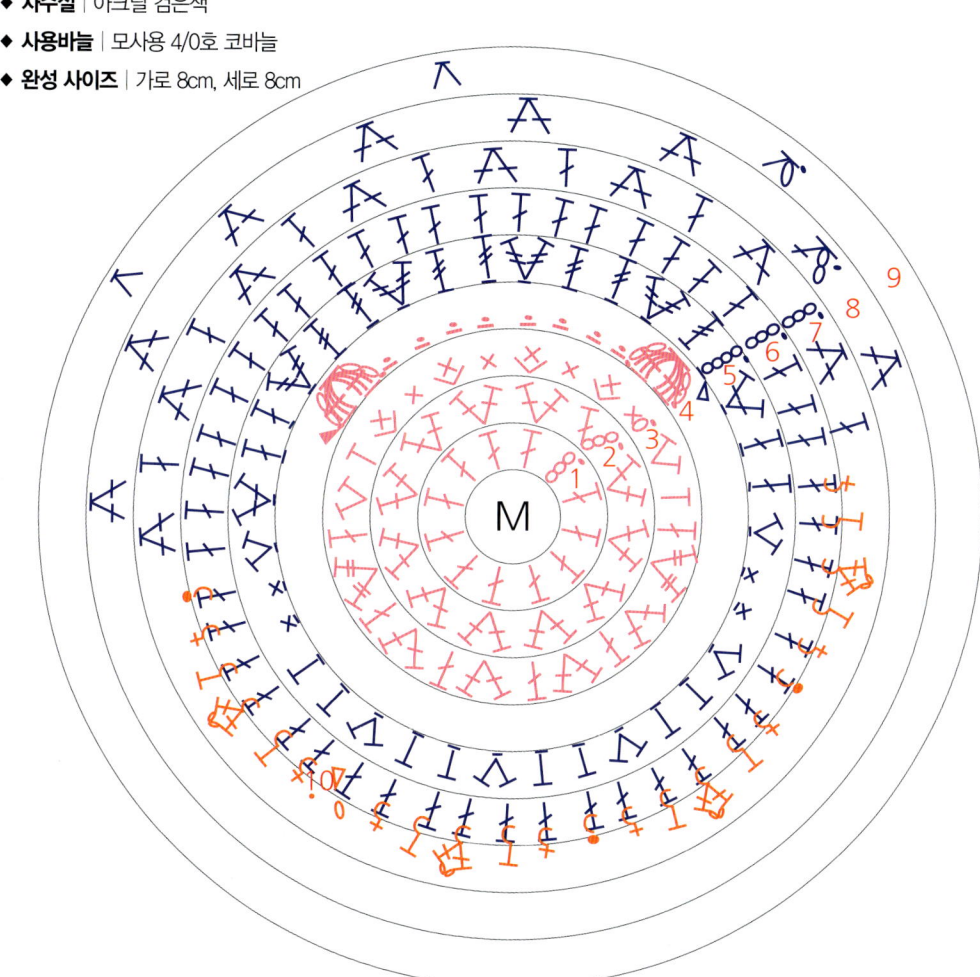

TIP

- 7~9단은 도안 편의상 일부분이 생략되었으나 반복하여 원형으로 만들어주세요.
- 편의상 갈기 도안을 다른 색으로 표시하였으나 같은 색으로 떠주세요.
- 오너먼트는 면사로 떠도 무방합니다.
- 콧볼 도안은 동일합니다.

어흥~! 사자 병솔

Preparation

◆ **사용실** | 진한 베이지색, 연노란색, 흰색
◆ **자수실** | 아크릴 검은색
◆ **사용바늘** | 모사용 4/0호 코바늘, 모사용 5/0호 코바늘
◆ **완성 사이즈** | 얼굴 : 가로 8cm, 세로 8cm / 높이 7cm

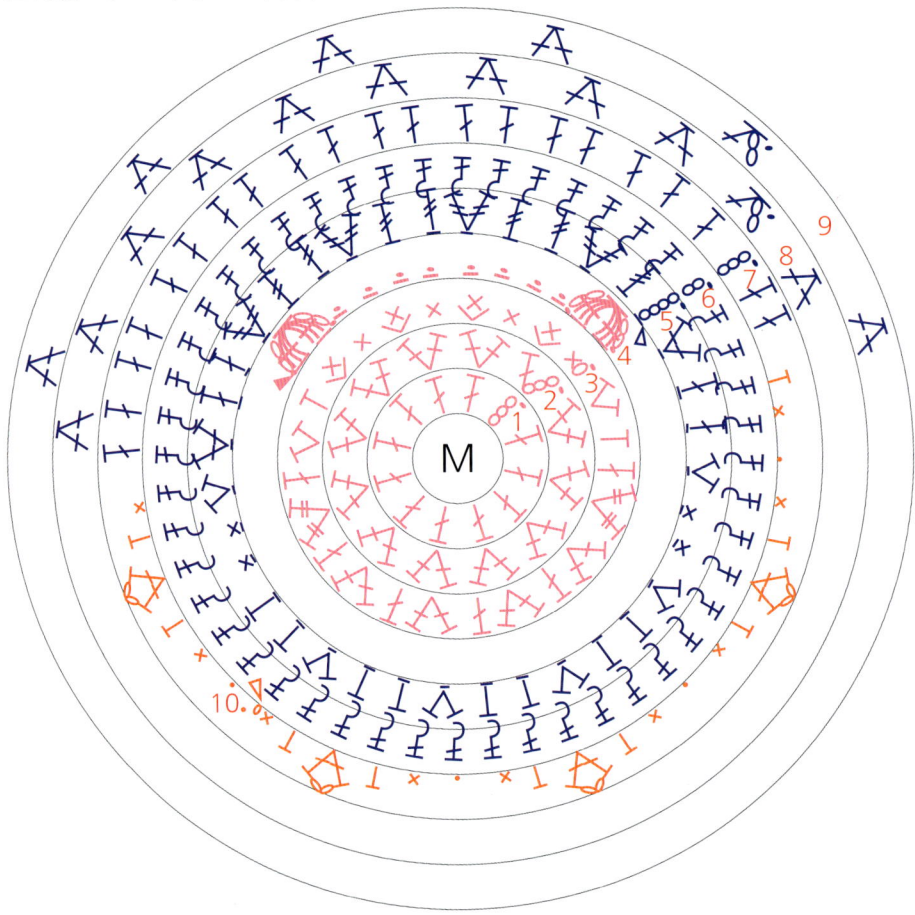

TIP

- 7~9단은 도안 편의상 일부분이 생략되었으나 반복하여 원형으로 만들어주세요.
- 편의상 갈기 도안을 다른 색으로 표시하였으나 같은 색으로 떠주세요.
- 콧볼 도안은 동일합니다.
- 1~6단은 4/0호, 7~9단은 5/0호 코바늘로 떠주세요.

How to make

01 모사용 4/0호 코바늘로 5단까지 떠줍니다.

02 6단은 증감 없이 뒤걸어 한길긴뜨기를 48코 한 후 빼뜨기하여 원형으로 만들어줍니다.

03 뒤걸어 한길긴뜨기를 하여 생긴 5단의 사슬 부분에 바늘을 넣어 갈기를 뜰 실을 연결합니다.

04 갈기 도안에 따라 사자갈기를 떠줍니다.

05 수놓은 후 마무리해주면 어흥~! 사자 병솔이 완성됩니다.

DISH SPONGE

5
수줍 꽃세미

봄날의 순수한 소녀의 수줍은 미소만큼이나 수줍은 꽃을 만나보세요!

Preparation

- **사용실** | 연노란색, 펄 흰색, 진노란색
- **사용바늘** | 모사용 5/0호 코바늘
- **완성 사이즈** | 지름 10cm

How to make

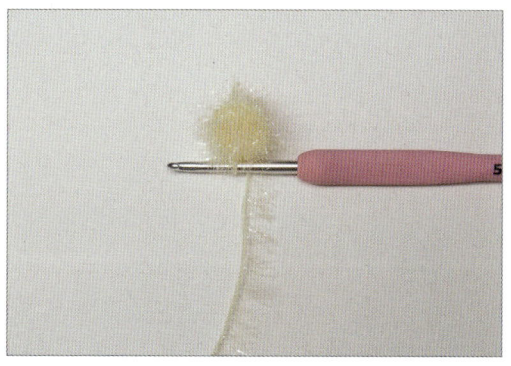

01 매직링에 긴뜨기 10개를 한 후 빼뜨기하여 원형으로 만들어줍니다.

02 사슬 1개를 하고, 다음 코에 뒤걸어 짧은뜨기, 사슬 3개를 해준 후 1코 건너뛰고 뒤걸어 짧은뜨기를 해줍니다. 이를 반복한 후 빼뜨기하여 원형으로 만들어줍니다.

03 1단에 앞이랑뜨기로 꽃 색을 이어줍니다. 첫 번째 꽃잎입니다.

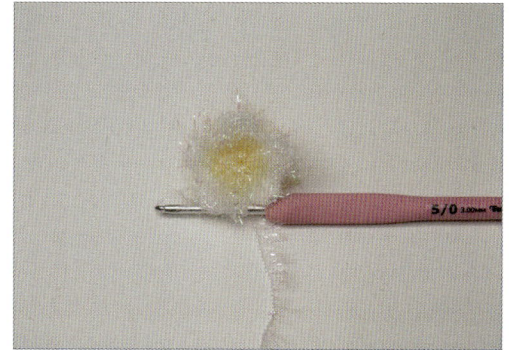

04 사슬 2개, 한길긴뜨기 2코 모아뜨기, 사슬 2개를 반복하여 꽃잎을 만들어줍니다.

How to make

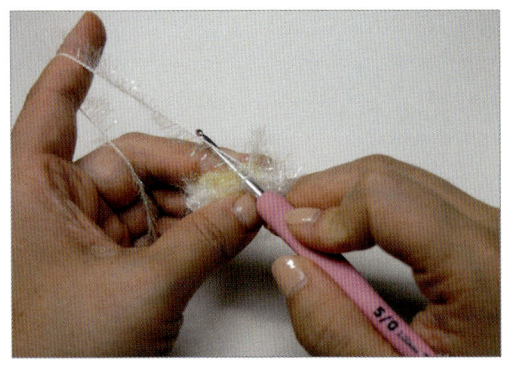

05 사슬 1개를 하고, 1단의 뒤이랑에 빼뜨기를 하여 위치를 옮겨줍니다.

06 사슬 3개, 두길긴뜨기 4코 모아뜨기, 사슬 3개를 반복하여 꽃잎을 만들어줍니다.

07 2단의 사슬 3개 부분에 배경실을 이어줍니다.

08 사슬에만 한길긴뜨기 4코씩을 하여 총 20개의 한길긴뜨기를 한 후 빼뜨기하여 원형으로 만들어줍니다.

09 6단은 [한길긴뜨기 1코, 한길긴뜨기 2코 늘려뜨기]를 10회 반복하되 6, 12, 18, 24, 30번째 코(도안의 ★부분)는 꽃잎을 함께 맞잡고 고정하며 떠줍니다.

10 6단을 떠주면 두 번째 꽃잎이 고정됩니다.

How to make

11 7단은 [한길긴뜨기 1코, 한길긴뜨기 2코 늘려 뜨기]를 15회 반복한 후 빼뜨기하여 원형으로 만들어줍니다.

12 8단은 [한길긴뜨기 2코, 한길긴뜨기 2코 늘려 뜨기]를 15회 반복한 후 빼뜨기하여 원형으로 만들어줍니다.

13 9단은 증감 없이 한길긴뜨기를 60개 한 후 빼뜨기하여 원형으로 만들어줍니다.

14 10~14단을 떠준 후 돗바늘로 오므려주어 마무리합니다.

15 기호에 따라 고리를 떠주면 수줍 꽃세미가 완성됩니다.

TIP

- 첫 번째 꽃잎과 두 번째 꽃잎의 색을 다른 색으로 배색하여 만들어보면 색다른 매력이 있어요.
- 수세미가 작으면 증감 없이 뜨는 단을 한 단 더 떠서 크기를 늘려주세요.

수줍 꽃세미 도안

첫 번째 꽃잎
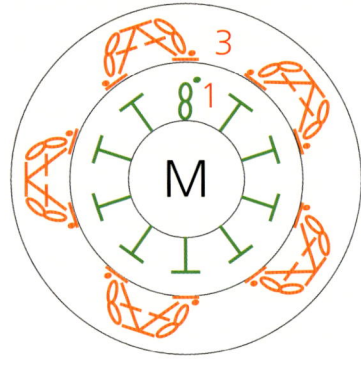

두 번째 꽃잎
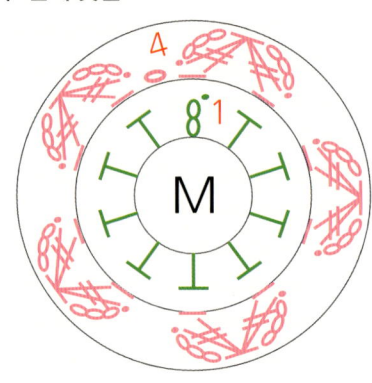

배경

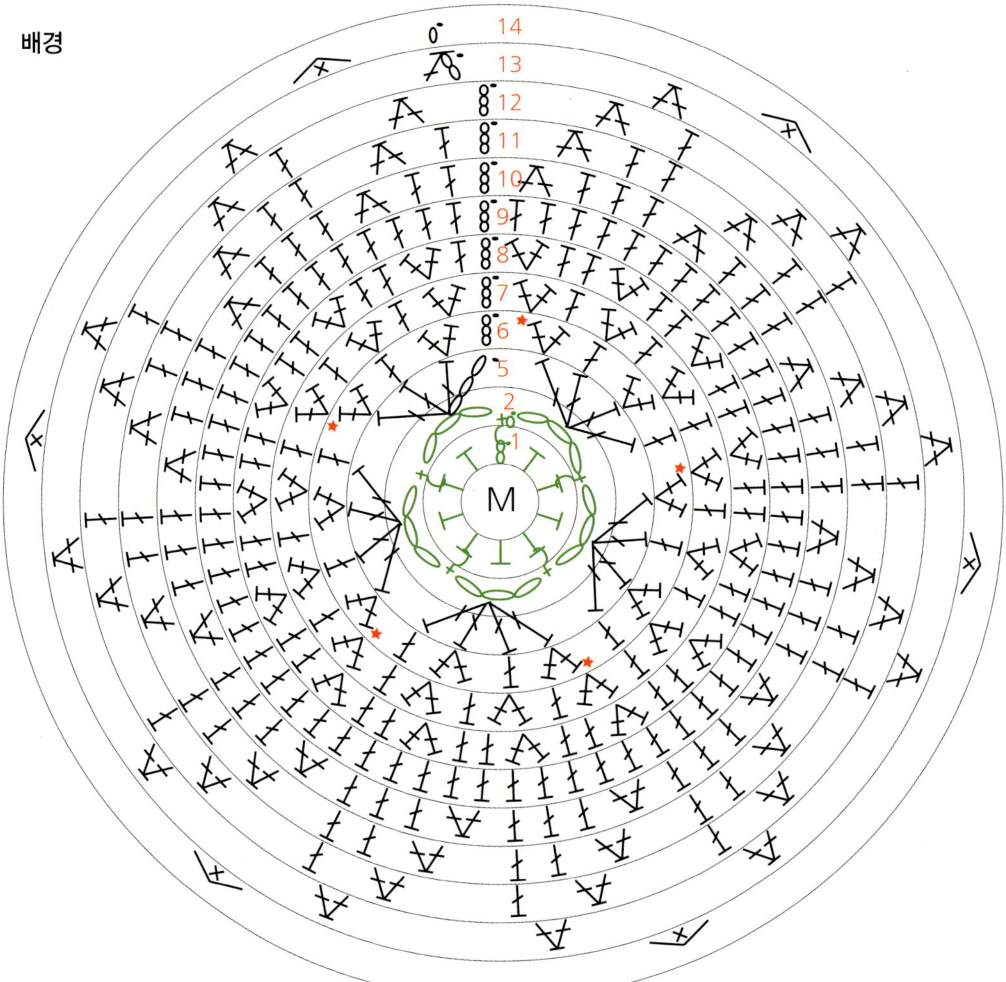

합친 모양

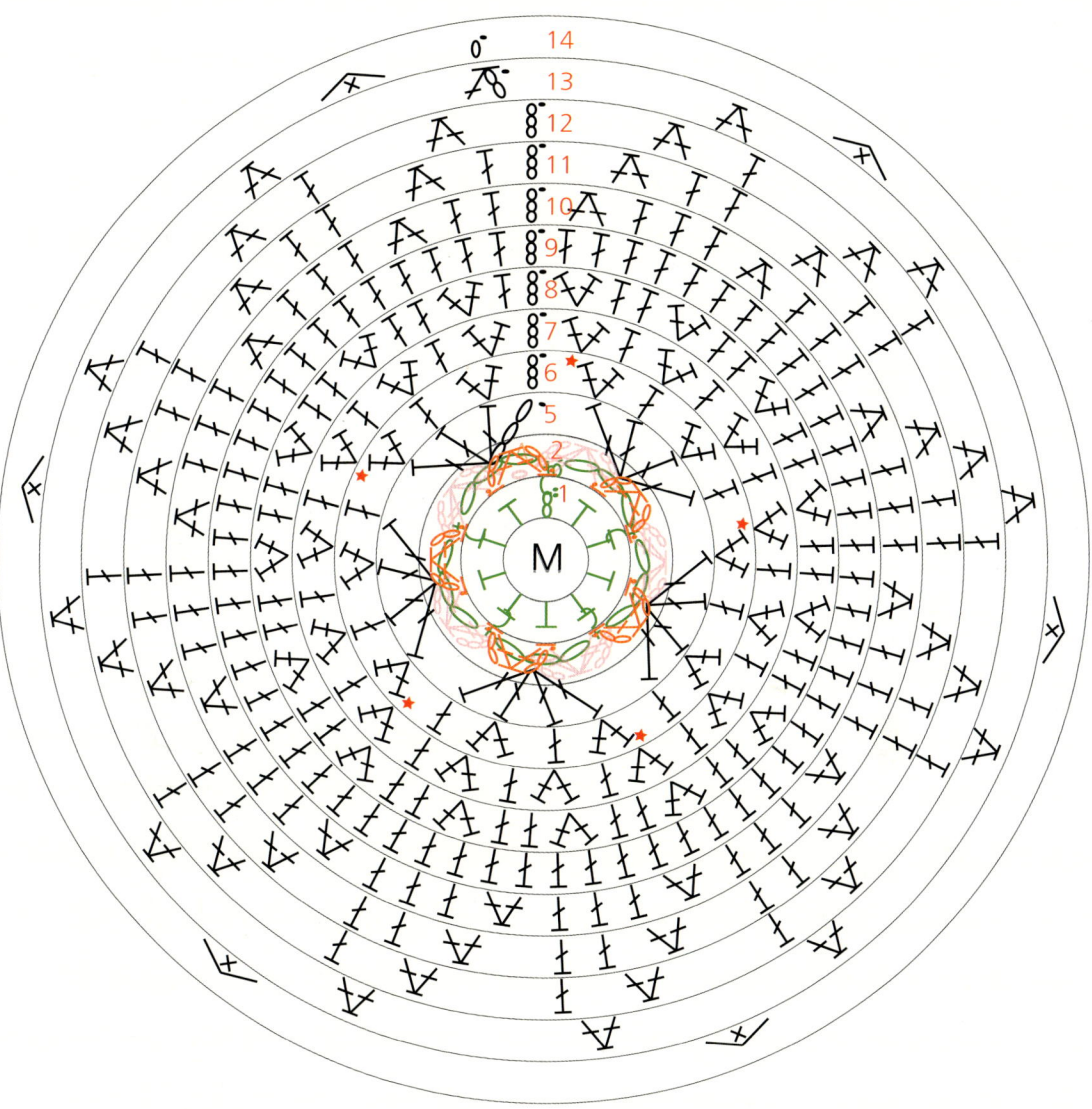

HELLO!

· DISH SPONGE ·

6
정새댁네 풍선 가게

귀여운 풍선을 타고 하늘로 날아오르는 즐거운 상상을 해보아요.
내 마음도 풍선 따라 두둥실 떠올라요.

Preparation

- **사용실** | 하늘색, 민트색, 연노란색, 연분홍색
- **사용바늘** | 모사용 5/0호 코바늘
- **자수실** | 진한 베이지색, 아크릴 빨간색
- **완성 사이즈** | 지름 10.5cm

How to make

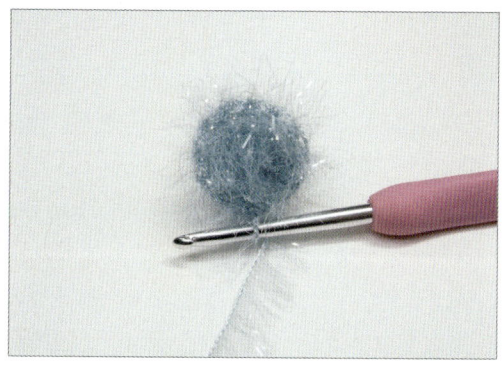

01 매직링에 한길긴뜨기 12개를 한 후 빼뜨기하여 원형으로 만들어줍니다.

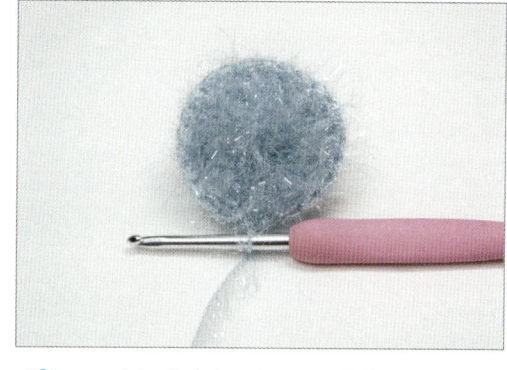

02 2단은 한길긴뜨기 2코 늘리기를 12회 한 후 빼뜨기하여 만들어줍니다.

03 3단은 배색 부분의 미완성 한길긴뜨기에서 배색실로 바꿔줍니다.

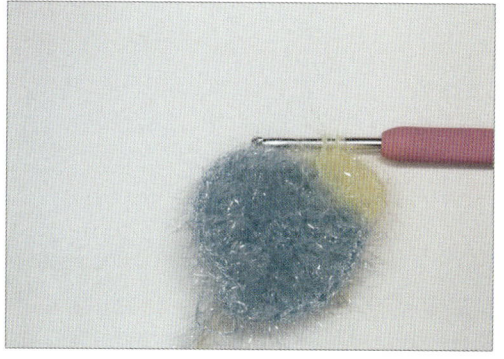

04 한길긴뜨기 4코 늘려뜨기를 2회 떠서 풍선의 아랫부분을 떠줍니다.

How to make

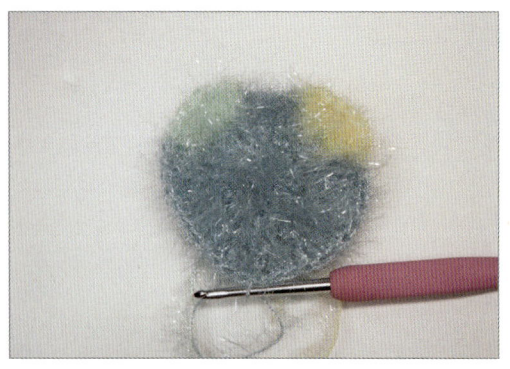

05 도안과 같이 두 번째 풍선의 아랫부분과 배경을 떠준 후 빼뜨기하여 원형을 만들어줍니다.

06 풍선의 윗부분은 한길긴뜨기 8코 모아뜨기입니다. 바늘에 9개의 실이 걸려 있는 것을 확인한 후 모아뜨기를 해주세요.

07 4단의 도안과 같이 세 번째 풍선 아랫부분, 두 번째 풍선 윗부분과 배경을 떠준 후 빼뜨기하여 원형으로 만들어줍니다.

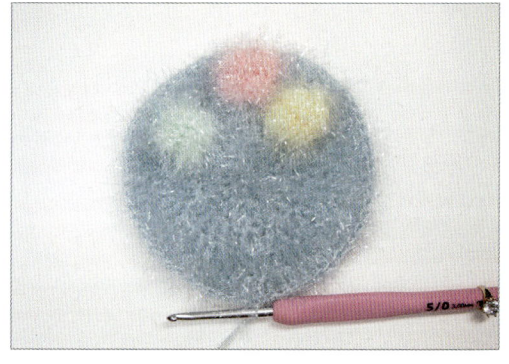

08 5단의 도안과 같이 세 번째 풍선 윗부분과 배경을 떠준 후 빼뜨기하여 원형으로 만들어줍니다.

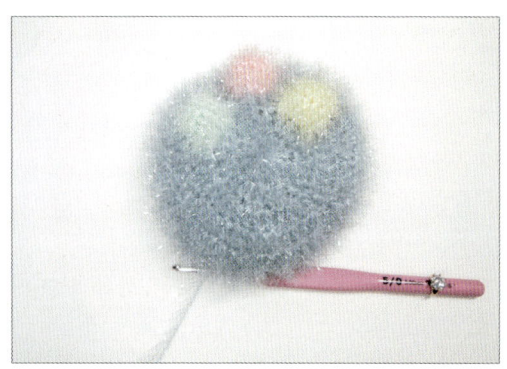

09 6단은 증감 없이 한길긴뜨기를 60개 한 후 빼뜨기하여 원형으로 만들어줍니다.

10 스티치 도안에 따라 풍선줄과 리본을 수놓아주세요.

How to make

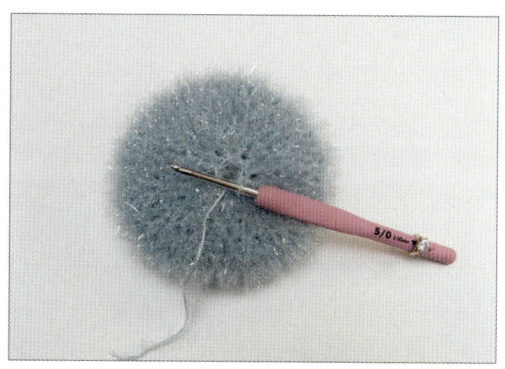

(11) 7~11단을 떠준 후 돗바늘로 오므려주어 마무리합니다.

(12) 기호에 따라 고리를 떠주면 정새댁네 풍선 가게가 완성됩니다.

TIP
- 풍선의 색깔에 따라 분위기가 확 달라져요.
- 스티치는 전체 폴리 수세미 실 또는 아크릴 수세미 실로 놓아도 무방합니다.

정새댁네 풍선 가게 도안

스티치

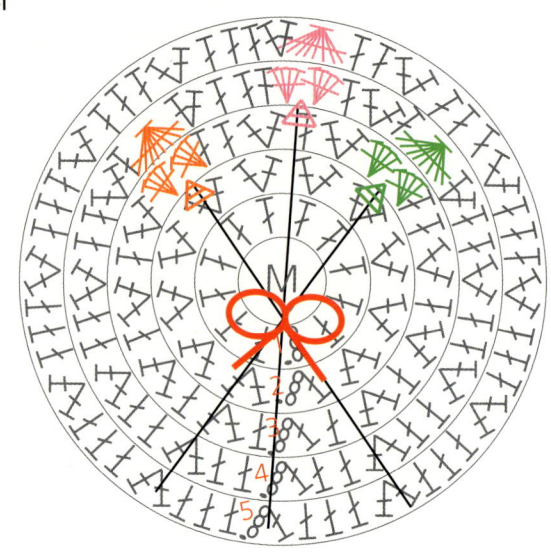

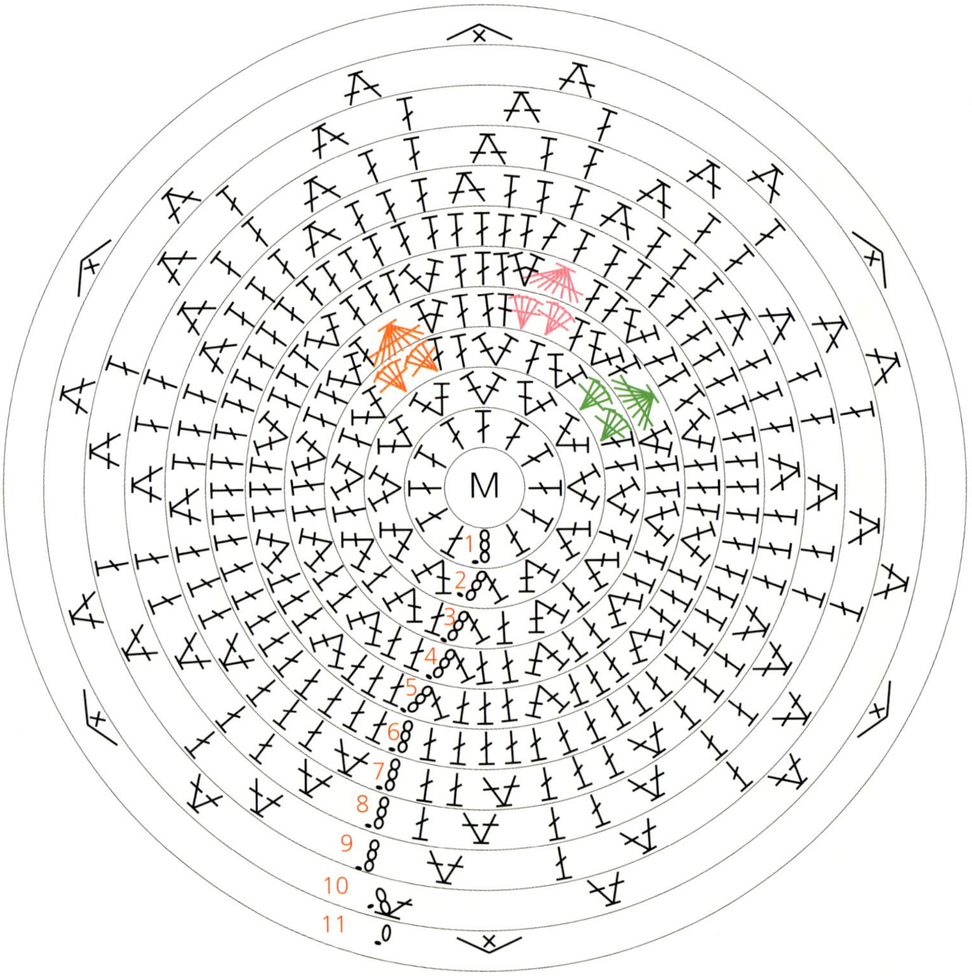

PROFESSIONAL TYPE

국내최초 폴리 수세미실
"웰빙수세미"의 새로운 얼굴

Upgrade!

Since 2007

10년연속
국내판매 1위

독자 수세미 도안집
〈연일 크로쉐북〉발간

세계최다 131색 발매

"가장 많은 프로디자이너들의 선택을 받은
수세미실의 **디테일**이 다른 **진화**"

www.yeonil.co.kr | NAVER BLOG/ yeoniltex.blog.me | INSTAGRAM/ @yeoniltex_official

홈베이킹 도구 및 재료의 모든 것

방산시장 40년 전통 제과제빵도구기계 전문업체입니다.
제과제빵, 홈베이킹을 사랑하시는 모든 분들을 위한 매장입니다.
수입제품, 제작, 도소매, 인터넷 판매합니다.

경훈공업사

서울시 중구 방산동 1-2번지

문의 : 02-2275-5902 (월~금 am9~pm6 / 토 am9~pm4)

홈페이지 : www.kyounghoon.co.kr   인스타그램 : kyounghoonbakery